주식의 심리

돈이 되는 인문학

주식의 심리

돈이 되는 인문학

전인구(전인구 경제연구소 소장)

살림

차례

5장. 투자자에게 영감을 주는 영화

6장. 여행에서 돈을 보다

7장. 스포츠 인문학으로 보는 투자의 지혜

8장. 투자는 심리다

인트로:
주식은 종합 예술이다. 인문학을 알아야 하는 이유

홀륭한 주식투자자들, '슈퍼개미'라고 불리는 이들의 공통점은 사치를 하지 않는다는 것이다. 한 달에 1억씩 써도 평생 못 쓸 돈을 가지고 있음에도 이들의 생활비는 일반인들과 별로 다르지 않다. 오히려 검소한 편이다. 자산가이자 자산운용사 대표인 존 리 씨가 촬영장까지 버스를 두 번 갈아타고 온 모습에 적잖이 충격을 받은 적이 있었다.

다른 슈퍼개미들도 명품과는 거리가 멀고, 차가 없는 경우도 많고, 옷도 무난하게 아니 허름할 정도로 입고 다니는 사람도 많다. 나 역시 차를 좋아함에도 10년 이상 된 중고차를 타고 다닌다. 왜 그럴까? 절제력을 유지하기 위해서다. 주식투자자는 고도의 절제력이 필요하다. 욕심을 부리면 모든 것을 잃을 수도 있는 곳이 주식 시장이라는 전쟁터다. 갖고 싶은 것을 본능대로 다 사게 되면 절제력은 사라지고 욕심만 남게 된다. 슈퍼개미들은 이것을 가장 두려워한다.

또 다른 공통점은 주식창을 보는 것을 가급적 멀리 하고 명상을 즐긴다는 점이다. 주식 호가창을 오래 볼수록 더 좋은 기회를 발견할 것

같지만 투자 힌트는 주식 프로그램이 아닌, 기업 바로 그 자체에 있다. 달을 보지 않고 달을 가리키는 손가락을 보는 우매한 일을 하지 않으려면 걷기, 명상을 통해 본인의 생각을 정리하는 시간이 필요하다.

절제력과 생각하는 힘, 그리고 경험은 인문학에서 나온다. 인문학적인 발상은 남들이 보지 못한 기업을 발견할 수 있게 해준다. 그래서 나는 아무도 관심을 가지지 않은 훌륭한 기업의 주식을 저렴하게 살 수 있었다. 이러한 투자 접근법은 비단 주식에서만 적용되는 것이 아니라 부동산, 창업, 사업 모든 곳에서 적용할 수 있는 만능키와 같다.

아쉬운 점이 있다면 인문학이 투자의 핵심이었다는 사실을 깨달은 것은 내가 경제적 자유를 8할 정도 이뤘을 때였다는 것이다. 운 좋게도 어릴 적부터 인문학에 관심을 가졌고, 관련된 일을 했다. 절제력은 가난했던 성장과정에서 자연스럽게 갖췄다. 투자의 비법이 인문학에 숨어 있다는 걸 일찍 알았더라면 실패를 줄이고 경제적 자유의 길을 더 빨리 갈 수 있었을 것이다. 그래도 누군가에게 나의 인문학적 투자 경험을 전달해줄 수 있어 매우 기쁘다. 여러분은 실패의 횟수를 줄여 나보다 더 나은 길을 가길 바란다.

2021년 6월
전인구

1장

역사는 투자의 길을 알고 있다

한니발

알프스 산맥을 넘어 로마를 공격한 역발상 전략가

나는 명장 한니발이야말로 역사상 군사전략이 가장 기발했던 사람이라 생각한다. 한 나라의 왕도 아니고 일개 장군이 알프스를 넘어서 로마라는 제국과 상대를 했다는 점도 대단하거니와 그 로마를 궤멸 직전까지 몰아갔다는 것이 놀랍다. 그는 어떤 전략을 세우고, 어떤 생각을 했기에 로마 제국을 멸망시킬 뻔한 것일까?

1차 포에니전쟁에서 카르타고는 로마에 졌지만 시칠리아를 지키던 육군 총사령관 하밀카르는 로마에 한 번도 패한 적이 없었다. 하지만 국가가 전쟁에서 졌기에 시칠리아를 내주고 철수한다. 이 명장은 스페인으로 건너가 영토를 넓히고, 이 지역을 아들인 한니발이 이어받게 되었다. 그런데 로마는 스페인의 사군툼을 건들지 말라고 협박했고 한니발은 이를 무시하면서 다시 로마와 2차 포에니전쟁을 일으키게 된다. 당시 로마는 제국이 되기 전의 전기에 해당됐지만 결정적인 전쟁에서 패배한 적이 없는 무적의 국가였다. 그런 나라를 멸망

직전까지 몰고 간 장군이 한니발이다.

선전포고가 있었지만 바로 전투가 시작되지는 않았다. 로마가 갈리아족과 대규모 전투를 하고 있는 중이었기 때문에 한니발로서는 천천히 시간을 벌 수 있었다. 그러나 한니발의 선택은 로마가 오기를 기다리는 것이 아니라 로마로 들어가는 것이었다.

로마의 해안가에는 행여 반란이 일어날까봐 집정관이 로마로 들어오는 길을 막고 있었다. 한니발은 그 길을 피해 역사상 누구도 생각조차 해보지 않은 코스로 이탈리아에 진입하기로 결심한다. 바로 그 알프스 산맥을 넘은 것이다. 당시에 보병, 기병, 코끼리 부대 등 9만명을 데리고 진군을 했는데 겨울에 알프스를 넘고 나니 3만명 정도만 남아 있었다. 로마의 입장에서는 상대가 산맥을 넘어 뒤로 돌아오니 뒤통수를 맞은 격이었다. 집정관 스키피오는 군대를 돌려 한니발과 전투를 하는데 한니발은 특기인 학익진으로 로마 기병을 대파하고 스키피오는 부상을 당한다.

트레비아 전투

로마는 추가로 집정관을 보내고 한니발 부대와 로마의 군대는 트레비아강에서 대치한다. 로마는 한니발의 부대를 무시했고 한니발은 경기병을 활용해 적을 도발한다. 명성에 비해 한니발군대가 강해 보이지 않자 상대를 무시한 로마군은 전군을 이끌고 아침부터 겨울 강을 건너 추격을 하다가 한니발의 본대와 맞붙게 된다. 한니발군은 힘을 비축하여 기다리고 있었고 로마군은 생각지 못한 자리로 이동할 수밖에 없었기에 지쳐 있었다. 싸우기 전부터 전투의 결과는 이미 정해진 것이나 다름없었다.

한니발의 기병과 코끼리 부대가 로마군의 옆구리를 찌르고 후방에 숨어 있던 군대가 공격을 하면서 로마군은 대패하고 만다. 이 전투로 한니발 부대 3만명 중 5천명이 전사하고 로마군 4만명 중 3만명이 전사했다. 이 전투가 트레비아 전투다. 이 사건으로 북이탈리아는 한니발 편으로 들어간다.

이후 한니발은 빠르게 로마로 진격하기 위해 상대가 방어를 하지 않는 중부 늪지대를 3박 4일간 돌파한다. 멈출 수도 없고 잘 수도 없는 늪지대에서 계속 행군을 했기에 많은 군사들이 죽었고 본인도 병으로 한 쪽 눈을 잃었다. 왜 그래야만 했을까? 전쟁에서 상대가 예상하지 못하는 곳에 나타나면 상대는 미처 준비를 하지 못했기 때문에 당황할 수밖에 없다. 그래서 군대는 빠르게 이동해 원하는 고지를 점령하는 것이 매우 중요하다. 실제로 한니발은 로마의 원군이 오기 전에 군대를 격파하기 위해 희생이 따르지만 속도전을 펼친 것이다.

예상보다 빠르게 중부에 도착한 한니발은 여기저기 불을 질러 상대를 당황스럽게 한다. 초조해진 집정관 플라미니우스는 원군이 오기도 전에 자신의 군대를 데리고 한니발을 공격한다. 이를 예상한 한니발은 트레시메누스 호수에 매복하고 있다가 로마군을 급습한다. 여기서 로마군은 4만명의 병력 중 1만명만 살아남고 한니발 부대는

3만명 중 2500명만 손실을 입는다.

칸나이전투

한니발은 잇따른 전투에서 승리했지만 로마로 바로 진격하지 않고 남쪽 곡창지대 칸나이로 간다. 로마로 진격하지 않은 것이 한니발의 실수라고 말하지만 그에게도 사정이 있었다. 로마는 거대한 요새도시로 한니발이 공격하기에 불리했다. 거기에 병력도 더 적으니 유리할 것이 없는 전장이었다. 불리한 장소에서 병력을 대부분 잃어가며 로마를 차지한다고 한들 로마제국 전체를 지배할 수가 없었다. 그래서 로마와 동맹을 맺은 곳들을 격파시키면서 로마가 군대를 밖으로 보내도록 유도한다. 로마 요새가 아닌 곳에서는 한니발이 무적이기 때문에 승리할 확률이 올라간다. 훌륭한 장군들은 싸울 장소를 자신이 정하고 상대가 그곳으로 오게 만든다. 내가 가장 잘 싸울 수 있고 그 장소에 맞는 전략을 활용하면 적은 병력으로도 큰 승리를 가져갈 수 있다.

한니발의 예상대로 로마는 병력을 증원해 8만명의 중보병을 칸나이로 보냈고, 병력 5만명으로 열세인 한니발은 오히려 이 전투에서 이기면 로마의 동맹시들이 다 자신에게 항복할 것이라 생각했다. 한니발은 로마의 병력을 요새에서 끌어내 그들의 힘을 다 빼고 난 다음 로마를 점령할 생각이었다. 몸집이 큰 것들을 사냥할 때는 상대의 힘을 다 빼놓지 않고 싸우면 내가 다치기 때문이다.

요새에서 바깥으로 나온 로마군과 한니발군의 전투가 시작되었다. 그러나 로마는 이전 전투에서 드러난 자신의 약점을 보완했다. 한니발이 기병으로 옆구리를 칠 것이라 생각해서 강과 산이 막아주는 위치에 군을 배치하고 평소보다 더 많은 기병을 배치해서 측면이 뚫리지 않게 했다. 그리고 중보병이 약한 한니발의 중앙을 뚫을 심산이었다. 상대의 약점과 강점을 알고 자신의 약점은 천연지형을 이용해서 커버했다.

하지만 한니발도 이를 예상하고 있었다. 로마군이 당연히 준비를 했을 것이라고 생각하고 한 수 더 앞을 내다본 것이다. 기병을 양쪽으로 나누지 않고 한곳에 집중해 강가에 있는 상대방 날개를 뚫어버린 뒤 로마의 후방을 공격한다. 로마는 이것을 예상하지 못했다. 전투에서 예상하지 못한 일이 발생하면 상대의 전열은 무너진다. 무너진 군대는 명령이 통하지 않는다. 주식시장에서 발생하는 패닉장과도 같다. 상대를 먼저 패닉시키는 쪽이 승리하는 것이다.

문제는 중앙인데 로마는 중앙보병이 강하고, 한니발은 약했다. 그래서 한니발은 정예보병을 가장 앞에 배치해서 최대한 밀리지 않게 배치를 했다. 그러면서도 중앙이 일부러 서서히 밀리게 했다. 상대의 힘을 이용해 서서히 밀려나면 오히려 한니발은 유리한 학익진이 되고 상대는 고립되는 형세가 된다. 측면은 뚫리고 중앙은 고립되고 후방에는 상대가 쳐들어오면 제아무리 로마군이라고 해도 당해낼 수 없다. 결과는 한니발의 일방적인 승리였다. 이 전투로 로마는 8만명의 병사 중 5만명이 죽고 1만명이 사로잡힌다. 한니발의 부대는 5만명으로 열세였지만 8천명만 전사했다. 대승이다.

칸나이 전투에서는 비군사적 요소도 한몫을 했다. 한니발 부대는 해를 등지고 있었고, 로마는 해를 보고 싸워야 했다. 게다가 전투 전에 계속 로마군이 물을 마시지 못하게 견제해서 상대는 갈증에 차있었다. 땡볕에 물을 마시지 못한 군대가 해를 보고 싸우면 제 힘을 낼 수가 없다. 수적으로 불리한 한니발이지만 기후와 지형, 전략을 모두 자신이 유리하게 만들었기 때문에 이 전투에서 크게 승리할 수 있었다. 투자자도 경제 외적인 요소들도 고려해야 한다. 이상기후가 벌어지면 곡물 가격이 올라가고 곡물이 부족해지면 민심이 흉흉해져 국민들의 봉기가 일어나는 경우가 많다. 생각지도 못한 변수들이 나올 수 있다. 예를 들어 2월이 되면 벚꽃 개화기를 확인할 필요가 있다. 벚꽃이 평년보다 빨리 피면 무더위가 빨리 온다. 에어컨 기업 주가가 크게 오를 가능성이 있다. 또한 더위가 빨리 오면 해수온도가 더 높게 상승한다는 뜻이고, 가을에 태풍이 평소보다 1~2개가 더 오게 되어 농작물 피해가 발생해 밥상물가가 올라간다.

주요 전투기록을 보면 알 수 있지만 한니발은 한 나라의 명운을 건 대규모 전투(회전)에 능했다. 자신이 가진 재산을 모두 현금화해서 한 주식에 투자한 것과 같은 상황이다. 보통은 이럴 때 가장 안정적인 선택을 하기 마련인데 한니발은 역발상을 택했다. 그리고 본인이 가장 유리한 장소에서 가장 자신 있는 전략으로 상대와 싸워 대승을 계속 거뒀다. 투자자도 모두가 예상하지 못한 상황, 예를 들어 모두가 투자를 꺼리는 상황에서, 오를 수밖에 없는 주식에 투자를 한다면 성공할 확률이 높아진다.

비록 전쟁이 길어지면서 로마를 이기지는 못했지만 한니발의 이야기는 우리에게 많은 영감을 준다. 한 명의 뛰어난 장군이 불리한 상황에서 당대 최고의 국가를 상대로 싸워 큰 승리를 연속으로 거둔 사실은 지금의 우리에게도 많은 것을 의미한다. 1위를 차지한 대기업도 영민하게 사업을 하지 못하면 후발주자에게 시장을 뺏길 수 있다는 사실도 알려준다. 수십 년간 전성기를 누렸던 인텔이라는 제국이 리사 수가 이끄는 AMD에 밀리기 시작했다. 휴대폰의 노키아도 경종을 울리는 사례다. 노키아는 2007년까지 세계시장 50%를 차지하는 휴대폰 독점기업이었다. 하지만 스마트폰을 내세운 후발주자들이 시장을 다 삼켜버렸고 노키아 제국은 무너졌다.

뛰어난 CEO의 역량과 조직의 시스템, 기업의 실력은 재무제표나 사업보고서에 나와 있지 않지만 기업의 큰 성장을 이끌어낼 수 있다. 그 중 한 기업이 삼성전자다. 후발주자로 시작해 성장하면서 위협이 되자 글로벌 업체들의 가격하락공격(치킨게임)을 받는다. 몇 차례의 치킨게임 끝에 대부분의 업체들이 망하고 삼성전자는 살아남았다. 도시바, 히타치, NEC, 파나소닉, 후지쯔, 미쯔비시, 엘피다, 난야, 소니, 노키아 등 많은 업체들이 사라지거나 사업을 철수했다.

경기 불황에 공격적 투자라는 역발상 전략을 쓰는 기업들은 나중에 큰 성장을 이뤄낼 수 있다. 경제위기가 오면 기업들은 불안한 미래를 대비하기 위해 투자를 하지 않고 현금을 모은다. 투자를 한다고 바로 생산을 하고 이익을 낼 수 있는 것이 아니다. 보통 2~5년의 기간이 필요하다. 즉, 불황 시기에 대규모 투자를 단행하는 기업은 2~5년이 지나 호황의 시기가 도래했을 때 큰 수익을 낼 수 있다. 경쟁사들이 지갑을 닫을 때 삼성전자와 SK하이닉스는 오히려 대규모 설비투자를 단행했다. 이번 코로나 위기 때도 이 두 기업은 수십조가 넘는 금액을 투자했다. 호황이 올 몇 년 뒤에 어떤 결과를 낼지 기대된다.

로마

'모든 길은 로마로 통한다' 인프라 투자의 중요성

모든 길은 로마로 통한다는 말이 있다. 이 말은 단순히 로마가 거대한 제국이라는 것을 의미하는 말이 아니다. 로마는 다른 지역을 정복하고 나면 가장 먼저 하는 일이 도로를 닦는 일이었다. 그렇게 닦은 도로의 길이가 15만 km나 된다. 도로를 만드는 일은 집정관이 직접 나서서 할 정도로 중요한 일이었다. 집정관이라고 하면 오늘날 육군 참모총장 격이다. 참모총장이 도로 건설을 진두지휘한 셈이다. 2000년 전에 만든 이 도로들은 마차 두 대가 지나갈 수 있는 너비에, 인도도 따로 있었다. 돌, 자갈, 모래를 층별로 쌓고 가운데를 살짝 올려 물 빠짐도 좋고 부서지지도 않아 아직도 유럽 일대에서 도로로 활용되고 있다. 대체 얼마나 잘 만들었기에 이천년을 쓸 수 있는지 대단하다. 로마인들이 도로를 얼마나 중요시했는지 알 수 있다.

로마는 왜 이렇게 길을 닦는 일에 국력을 쏟았을까? 첫째로 군대의 이동속도가 전쟁을 좌우하기 때문이다. 전쟁에서 이동속도는 전략에 많은 영향을 준다. 상대보다 먼저 가서 좋은 자리를 잡고 있으면 이길 확률이 높아진다. 로마는 전차부대를 보유했기 때문에 전차가 지나가야 했다. 전차는 평지에서만 달릴 수 있다. 산악, 늪, 언덕, 논, 밭을 지날 수 없기 때문에 전차에 맞춰 도로가 건설된 것이다.

군사적인 목적을 토대로 만들어진 도로는 로마에 경제적 풍요를 가져다주었다. 도로가 있기에 물자의 이동이 편리했다. 도로가 정비되어 있지 않으면 등에 지거나 들고 이동을 해야 한다. 도로가 있으면 바퀴가 굴러가기 편하고 바퀴 위에 물건을 실으면 멀리까지 이동을 할 수 있다. 즉 운송비가 급격히 감소해 먼 거리라도 저렴한 가격으로 판매가 가능해진다. 가격이 낮아지면 수요가 늘어나고 판매량이 늘어난다. 상업이 활발해지는 것이다. 여기에 도로마다 수비대를 배치하고 세관을 설치해 상업에 종사하는 이들이 치안에 대한 걱정을 덜고 일에 전념할 수 있게 했다.

이런 과정에서 많은 물자들이 지배국인 로마로 흘러 들어온다. 상업은 도시를 부유하게 만들고 많은 세금을 내게 한다. 국가는 이 세금으로 군대를 늘리거나 인프라를 더 넓힐 수 있다. 도로를 놓아서 세금이 늘고 다시 이 돈으로 도로가 더 넓어지는 제국이 되는 것이다.

독일은 1910년에 아우토반 건설을 시작했고 1930년대 후반 히틀러 당시 완공되었다. 그 이후 독일은 어마어마한 물자를 쏟아냈고 이를 전쟁에 활용했다. 우리나라도 독일의 아우토반을 보고 영감을 받아 1970년에 경부고속도로를 완공했다. 경부고속도로는 단순히 서울과 부산을 5시간 거리로 이어주는 도로만이 아니다. 수도 서울은 예부터 정치, 금융의 중심이었고 많은 사람들이 사는 곳이었다. 그리고 이 도로가 이어진 부산 및 영남지방은 중화학공업의 중심지로 커나가고 있었다. 수도와 산업단지를 이어주는 도로는 많은 인력과 물자 교류가 일어나게 한다. 도로를 이용하는 주체가 대량의 인력을 나를 수 있는 버스와 물자를 나를 수 있는 트럭이었다. 고속도로에서는 차를 멈추다 서다 할 일이 없기 때문에 물자를 나르는 트럭의 기름 값이 적게 들어가고 하루에 한 번 갈 거리를 두 번 갈 수 있게 된다. 운송비절감, 물가인하, 시간절약, 인건비절약의 효과가 날 수 있었다.

태국의 고속도로 건설 사례에서 알 수 있듯이 고속도로가 건설되고 나면 실제로 수혜를 입는 것은 기업이다. 국가가 큰돈을 들여 고속도로를 만들면 이 도로를 이용하는 과정에서 혜택을 받는 기업이 생겨난다. 대표적인 기업은 자동차 회사다. 일본은 태국에 고속도로를 건설하고 난 다음 도요타 공장을 만들었다. 독일은 아우토반을 건설한 덕분인지 벤츠, BMW, 아우디, 폭스바겐 같은 글로벌 자동차 기업을 보유하고 있다. 한국도 고속도로 건설 이후 자동차 수가 급증했다.

개도국 중에는 고속도로를 보유한 나라가 많지 않은데 고속도로가 개통된 이후의 특징은 자동차 수 증가 외에 하나 더 있다. 산업이 급격히 발전한다는 것이다. 외국인의 투자가 늘어난다. 그리고 공장이 늘어나고 취업자가 늘고 임금이 상승한다. 국민 1인당 GDP가 늘어나는 것이다. 이를 경제성장이라고 말하는데 우리는 이 기회를 잘 봐야 한다.

잘 살던 브라질이 경제성장을 더 이상 하지 못하고 정체가 되었던 이유 중 하나가 정부가 부패해서 인프라 건설을 게을리했기 때문이다. 넓은 땅에서 자라는 작물을 항구까지 이동해야 하는데 철도와 도로 공사에 힘을 기울이지 않다보니 물자의 운송속도가 떨어지고 그만큼 돈의 회전이 떨어진 것이다.

반대로 동남아나 인도에서 고속도로가 생기거나 철도확충, 산업단지 부지 조성이라는 뉴스가 나오면 흘려 보지 말고 눈여겨봐야 한다. 그다음은 외국 자본이 들어올 것이고 투자가 늘면서 기업이 늘어날 것이기 때문이다. 그 타이밍을 놓치지 않으면 좋은 투자기회를 잡을 수 있다.

베트남은 하노이와 호치민을 이을 북남고속도로가 착공을 시작했다. 2년 후면 완공이 되는데 수도인 하노이와 경제도시인 호치민의 거리가 가까워지면 한층 더 발전할 것으로 기대가 된다.

인도네시아는 동남아 중에서 태국과 더불어 교통 인프라가 가장 잘 발달한 나라다. 세계인구 순위 4위 도시인 인도네시아의 수도 자카르타는 3,000만명 이상의 인구로 인해 교통체증이 극심하다. 하지만, 향후 지하철, 고속도로 등의 추가 개통으로 교통정체가 해소되면 경제발전이 빠르게 가속화될 것이다. 실제로 현대차는 치카랑에 공장을 세운다. 인도네시아의 도로가 확충되고 있고 자동차가 급격히 증가할 것으로 예상하기 때문이다. 하지만 동남아 전역에 자동차 시장을 꽉 쥐고 있는 일본 차와 한판 승부를 겨뤄야 한다.

인도도 고속도로가 계속 늘고 있는 추세로 차량이 매년 6%씩 증가하는 나라다. 아직 국도가 전체 도로의 2%밖에 되지 않기 때문에 건설 회사나 자동차 기업의 성장성이 기대된다고 할 수 있다.

투자자의 입장에서 한 번 더 생각해보면 고속도로라는 의미가 토목시설만을 말하지 않는다. 고속도로라는 말의 뜻은 자동차가 다니는 도로이기도 하지만 물자 또는 문화를 교류할 수 있는 인프라를 말하기도 한다. 예를 들어 한국과 베트남 기업 간의 투자와 무역을 활발히 할 수 있는 법률을 만들거나 지원책을 만들어주는 것은 마치 국가가 기업을 위해 수출 고속도로를 개통해주는 것과 같다. 한국 정부는 10년 넘게 문화 콘텐츠를 해외로 수출할 수 있도록 한류산업을 밀어줬다. 그 결과 한국의 드라마와 영화가 해외로 팔려나가고 한국의 가수들이 외국에서 공연을 하며 큰 수익을 거둬들이고 있다. 또한 외국인들이 한국으로 관광을 오는 가장 큰 이유가 K-POP과 TV 드라마로 인한 영향인 것은 주지의 사실이다.

2019년 문화콘텐츠 총 수출액은 12조원이고 이 중 한류를 등에 업은 문화상품 수출액은 7조원이 넘는다. 간접효과도 상당하다. 2019년 한국을 방문한 외국인 관광객은 1,750만명이고 이 중에 한류로 인한 방문한 외국인은 217만명이다. 한류의 생산유발효과는 25조원이 넘는다.

눈여겨볼 것은 한류라는 고속도로에 승차하는 업종이 있다는 것이다. 국가와 문화콘텐츠가 한류라는 고속도로를 설치하고 나면 그 고속도로를 통해 편하게 수출을 하는 기업이 나타난다는 것이다. 이를 부가가치 유발효과라고 하는데 2019년 11조 5천억원이나 되고 이 중에 게임이 5조원, 관광이 2조 5천억원, 화장품이 8천억원, 식음료 6천억원, 음악 5천억원, 자동차 5천억원으로 집계되었다. 한류로 돈을 벌려면 어디에 투자해야 하는지가 정해진다.

최근에는 그린뉴딜이 대세다. 미국, 유럽, 중국, 한국 모두 코로나로 인한 경제위기 해결책을 그린뉴딜에 기대하고 있다. 세계기후협약이 생기고 의견이 모아지면서 환경보호가 권고가 아닌 의무로 변하고 있는 시점이다. 이산화탄소 배출을 줄이지 못하는 기업은 탄소배출권을 돈 주고 사와야 하는 의무가 생겼다. 이런 규제와 의무 때문에 돈은 새로운 곳으로 흘러가기 시작한다. 2020년 테슬라는 자동차 판매는 적자였지만 탄소배출권을 팔아 기업은 흑자를 거뒀다. 이런 이유로 전기차는 친환경이라는 대세의 품속에서 지속적인 성장이 예상되고 LG화학, 삼성SDI, SK이노베이션은 2차전지로 호황을 누리고 있다.

이산화탄소를 배출하는 주범인 화력발전은 전 세계적으로 감소추세다. 그 자리를 태양광, 풍력, 수소 등 신재생에너지들이 차지하고 있다. 재미있는 것은 전 세계는 신재생에너지 비율을 맞추기 위해 수요가 크게 발생하고 있는데 이를 판매하는 국가나 업체는 소수라는 사실이다. 대표적으로 전 세계 태양광 시장은 중국이 독점하고 있다.

GCL, 통위, 다쵸 뉴 에너지, 징코솔라, 융기실리콘자재 등 세계적인 태양광 기업은 거의 모두 중국 기업들이다. 다만 폴리실리콘에서는 한국 기업인 OCI가 한 자리를 버텨주고 있고, 풍력과 수소발전에서는 우리나라도 쓸 만한 기업을 보유하고 있다.

신재생 에너지의 수요와 공급이 불균형을 이루기 때문에 잠시 화력발전을 대체하기 위해 LNG 발전이 한동안 성장할 것이다. 그러면 가스관 건설, LNG보냉재, LNG선박의 수요가 늘어날 수 있다.

이처럼 전 세계가 터뜨려 주는 SOC사업은 로마의 도로와도 같은 역할을 하고 있다. 덕분에 몇몇 회사는 호황을 맞고 있고 우리는 그 길 위를 다니는 마차회사에 성공확률 높은 투자를 할 수 있게 됐다.

적벽대전

삼국지, 삼국연의에는 당시 영웅들의 치밀한 심리전이 잘 표현되어 있다. 아무리 연승을 하는 사람이라도 큰 패배를 당하고, 연패를 거듭하는 인물이라고 해도 어느 날 큰 승리로 한 자리를 차지하게 된다. 그리고 시간이 흐름에 따라 모두 최후의 승자가 되지 못하고 한 줌의 흙으로 돌아간다. 모두가 간절히 원했지만 그 누구도 이루지 못했기 때문에 더 우리의 인생사 같고, 더 현실적이고, 더 슬프게 다가온다. 그래서 2천년이 다 되어가는 지금도 사람들의 사랑을 받는 책이라고 할 수 있다.

전쟁에서는 내가 이기지 못하면 죽는다. 그래서 이기기 위해 수단과 방법을 가리지 않는다. 전쟁에 명분은 있어도 도덕은 없다. 도덕이 없기 때문에 다양한 전략들이 창의적으로 나올 수 있다. 이런 전쟁 속에서 의리와 도덕을 우선하는 인물은 백성들의 사랑을 받지만 천하를 차지하지 못한다.

투자의 세계도 내가 벌지 못하면 잃는 곳이다. 벌기 위해서 수많은 전략과 기만책이 돌아다니고 있다. 투자도 전쟁처럼 법은 있어도 도덕이 없는 곳이다. 가장 모럴헤저드가 만연한 분야가 투자의 세계가 아닌가 싶다. 돈을 위해서라면 무슨 짓이라도 하겠다는 사람들이 널려 있는 곳이다. 그래서 돈이 좋아 이곳에 들어갔다가 돈이 싫어져서 다시 나온다. 그리고 또 돌아간다. 돈이 싫지만 돈을 벌기 위해서다.

전쟁은 싫지만 살아남기 위해서 싸워야 했던 시절을 담은 『삼국지』를 매개로 투자를 이야기하려고 한다.

적벽대전은 조조가 중원과 북방을 통일하고 천하를 차지하기 직전의 상황에서 벌어진 전쟁이다. 누가 봐도 조조가 다 이긴 싸움이었다. 당시 패권을 쥐었던 동탁, 공손찬, 원술, 여포, 원소가 모두 사라지고 그 자리를 모조리 차지한 조조는 100만 대군을 몰고 손권의 항복을 받으러 적벽으로 내려왔다.

모두가 이길 수 없는 싸움이라 생각했기에 손권 내부에서도 항복하자는 주장이 강했지만 손권은 전쟁을 하기로 결심하고 주유에게 전권을 위임한다.

유비도 이 때 손권을 돕고 있었는데 제갈량은 주유에게 화살 10만 개를 3일 안에 가져오겠다고 장담한다. 상식적으로 말이 되지 않는 물량에 주유는 약속을 못 지키면 목숨을 내놓으라고까지 한다.

제갈량은 이틀을 푹 쉬고 3일째 안개가 자욱한 날 20척의 배를 이끌고 조조 진영으로 나선다. 배 안에는 군사가 없다. 지푸라기를 잔

뚝 실었을 뿐 싸울 수 있는 군사는 없었다.

조조 진영에서는 짙은 안개 속으로 수십 척의 배가 다가오는 것이 보였다. 안개가 짙었기 때문에 뒤로 얼마나 더 많은 배가 있을지 몰랐다.

공포는 보일 때보다 보이지 않을 때 더 크다. 투자에서도 증시가 하락하면 파는 이유는 더 하락할지 모른다는 공포가 있기 때문이다.

안개가 짙으면 나가서 싸우는 것도 위험하다 상대를 알지 못하는데 달려들다가 크게 당할 수도 있다. 여기에 또 하나 이유가 있다. 손권의 수군은 정예강군이고 조조의 수군은 유표의 부하였던 채모가 키우고 있었다. 손권을 이길 수준이 되지 않았고 조조가 크게 신뢰할 수 없었다. 그래서 화살만 날렸다.

제갈량은 빈 배의 지푸라기에 꽂힌 화살을 거두어 돌아갔다. 안개가 걷히고 난 뒤에 조조는 크게 후회했지만 이미 때는 지났다.

제갈량은 무엇을 이용했을까? 우선 상황을 이용했다. 안개가 자욱한 상황에서는 적이 나를 알지 못하고 공포를 느낄 수밖에 없다는 것을 이용했다. 그리고 적의 상황을 이용했다. 적은 정면으로 싸울 실력이 되지 않았기에 화살만 날릴 것이라는 것을 알았다.

손해를 보지 않는 장사였다. 빈 배 20척을 잃어도 전력에 큰 손실이 아니었다. 만약 빈 배로 화살 10만개를 가져온다면 이는 크게 남는 장사였다. 손해 볼 것도 없으니 시도해볼 만했다.

투자의 세계에서 빈 배는 무엇일까? 그리고 화살은 무엇일까?

지금도 개인투자자들에게 빈 배를 내미는 이들이 있다. 외국인, 기관, 큰손들은 안개가 자욱한 날 빈 배를 내민다. 정세가 불안하거나, 경제가 위기에 있거나, 변동성이 큰 시기가 오면 뉴스, 미디어, 정치적 액션 등을 통해서 더 큰 공포를 만들어낸다.

그러면 대중, 개인투자자들은 공포를 느끼게 되고 자신이 가진 소중한 화살을 허공을 향해 쏘아 올린다. 화살이 상대를 맞힐 것이라고 생각해서 날리는 것이 아니다. 내가 무섭기 때문에 공포를 줄이고자 날리는 것이다.

큰손들은 개인이 날린 소중한 화살을 빈 배에 실어 가져간다. 그리고 날씨가 맑은 어느 날 다시 화살을 날려 돌려준다. 그 빈 배는 공매도가 될 수도 있고, 외인, 기관의 선물, 현물 투자가 될 수도 있다.

큰 하락장에서 보면 외국인 같은 큰손들은 하락이 시작할 때는 앞장서서 파는 모습을 보이며 하락을 선도하고, 하락이 끝날 때쯤에는 엄청나게 사들이며 공포에 질린 화살을 거둬간다.

안개가 자욱해질 때 개인투자자는 조심해야 한다. 화살을 날릴 것인가 같이 빈 배를 띄울 것인가 고민해봐야 한다.

일상생활에서도 일반인들에게 빈 배를 띄우는 사람들이 많다. 우리는 무엇에 공포를 느끼고 있을까? 노후, 건강에 대한 공포가 가장 일반적이고 크다. 아프면 어디까지 아프게 될지 모르고 늙으면 얼마나 돈이 필요할지 모른다. 깊이를 알 수 없는 공포는 장사가 된다.

아프거나 늙으면 돈을 준다고, 공포를 지울 수 있다며 보험을 판매한다. 또는 건강식품, 의료기기를 판매한다. 나이를 먹을수록 이 공포는 점점 더 현실적으로 다가오기에 보험가입자는 계속 늘어나고 있고, 헬스케어 사업은 나날이 번창하고 있다.

여기서 우리는 선택해야 한다. 이들에게 소중한 화살을 날릴 것인지, 아니면 빈 배를 띄우는 일에 동참할지 말이다. 노인은 계속 늘어나고 질병도 계속 늘어날 것이다. 안개가 걷힐 수 없는 구조이기 때문에 보험업과 헬스케어 산업은 유망하다.

워런 버핏은 위기 때 주식을 저렴하게 쓸어담기로 유명하다. 2008년 금융위기로 은행주식이 역사상 바닥을 찍었다. 버핏은 그 때 은행주를 샀다. 2020년 코로나 위기로 원유가격이 마이너스가 되는 등 일이 벌어졌다. 버핏은 2020년 말에 정유주를 샀다. 그 외에도 증시 위기가 올 때마다 산 주식이 코카콜라, 코스트코, 비자, 애플 같은 주식들이다. 결과는 알다시피 버핏에게 엄청난 수익을 가져다주었다.

기회는 모두가 공포에 질렸을 때 온다. 대중이 공포에 질려 팔려하는 주식을 사야 한다. 그 주식이 제일 싸다. 반대로 모두가 장밋빛으로 전망하는 주식이 가장 비싸다. 공포에 사고 확신에 팔 수 있는 배짱을 길러보자. 그 배짱이 여러분을 부자로 만들어줄 것이다.

제갈량

· ·

왜 북벌을 강행해야 했을까?

삼국지에서 제갈량은 천재로 나온다. 이 천재가 천하를 차지할 기회가 있었는데 바로 1차 북벌이다. 이길 수 있는 전략과 타이밍이 있었지만 결정적인 실수로 그 기회를 놓치게 된다. 이후에는 4번 더 북벌을 강행했지만 결정적인 기회가 도래하지 않았다. 아쉬웠기 때문에 아직도 사람들 사이에서 회자되고 있다. 제갈량의 북벌 전략을 이해하다보면 그의 스타일도 파악이 된다. 만약 제갈량이 펀드매니저였다면 어떤 투자를 했을지도 가늠이 된다.

왜 자오곡을 넘어 기습하지 않고 기산으로 돌아서 진출했을까?

2000년이 지난 지금도 회자되고 있는 내용으로 위연은 제갈량에게 5천명의 병사만 주면 최단거리인 자오곡을 넘어 장안을 기습 점령할 테니 승상은 대로를 돌아 장안을 접수하라고 말한다. 하지만 제갈량은 거절한다. 자오곡은 길이 험해 매복된 병사가 있다면 크게 패할 수 있고, 길이 험해 군량을 조달할 수 없다며 거절하고 가장 왼쪽으로 돌아가는 A루트인 기산으로 돌아간다. 큰 길로 움직이면 기습을 당할 확률이 낮아지고 안정적으로 군대를 보전할 수 있다. 만약 좁은 길로 움직이다 기습을 당하면 사기도 꺾이고 병력손실도 발생한다.

투자자라면 당연한 내용이다. 위험한 투자보다는 원금을 잃지 않는 안전한 투자를 선택해야 한다. 그래서 관리자가 되면 안전지향형으로 바뀌게 된다는 소리를 듣는다. 관리자 입장에서는 거대한 조직을 책임져야 하는데 한 번의 도박으로 치명상을 입으면 회복이 어렵다는 것을 알기에 쉽게 선택을 할 수 없다. 그런 면에서 거대한 조직으로 도박에 가까운 전략을 펼친 조조는 사람들에게서 환호를 받는다. 하지만 최고책임자가 무리수를 던지다보면 큰 실패를 보게 될 수 있다. 실제로 조조도 전 병력을 이끌고 서주를 공격하다가 여포한테 본거지를 빼앗겼다.

촉나라는 위나라와 국력이 5배 이상 차이가 난다. 이 전투를 위해서 농사를 지어야할 국가의 모든 남자를 다 데리고 나온 상황이다. 여기서 입는 손실은 국가의 존망이 걸려 있기에 더 안정적으로 운영을 해야만 했다.

생각해보면 제갈량은 손해를 보지 않는 투자자이고 상대를 속여 거점을 쉽게 빼앗는 것을 좋아한다. 즉, 눈속임을 통해 상대를 기만하는 전략을 쓴다. 실제로 헤지펀드들은 주식을 사는 것처럼 보이면서 선물을 매도하고, 선물을 매수하는 것처럼 하면서 주식을 팔며 본인은 안정성을 취하고 상대를 속이면서 투자 기회를 본다. 그러다가 대중이 한 방향으로 쏠렸을 때 집중공격으로 큰 수익을 얻는다.

이렇게 보면 제갈량이 왜 C루트인 자오곡으로 진출을 하지 않았는지 알 수 있다. 제갈량은 장안 공격이라는 명분으로 상대가 장안 방어에 집중하게 하고 본인은 장안을 점령할 생각이 없었다. 당시 공격의 진짜 목적은 왼쪽의 남안 천수가 있는 농서지방이었다. 큰 평야와 초원지대를 얻을 수가 있다. 여기가 목적이었고, 그래서 주력군을 A루트로 잡은 것이다.

이미 사전 작업으로 제갈량이 A루트 기산으로 진출하자마자 농서지방 3군이 바로 항복을 하고 호응한다. 이미 제갈량이 오면 배신하기로 약속을 맞춰 놓은 상태이기 때문에 힘을 들이지 않고 바로 거점을 확보할 수 있었다.

투자로 보면 안정적으로 확실한 수익이 약속된 투자를 한 셈이다. C루트로 갔다면 많은 변수들을 통제할 수 없고 실제로 성공할지 안할지도 장담할 수 없는 위험한 투자였을 것이다.

위연의 말대로 C루트로 가면 문제가 생기는 것이 있는데 원래 계획은 상용의 맹달이 배신을 해서 위나라의 주력군을 형주에 묶고 조운이 B루트로 진격하는 액션을 취한 다음 장안의 주력군을 B에 묶어 두고 제갈량은 반대편의 A를 치는 전략이었기 때문이다. 상용의 맹달이 배신을 하면 조예는 형주와 농서지방, 장안 중 한 곳을 포기해야 하는 상황이 온다. 그러면 가장 중요한 장안과 형주를 지키려고 할 것이고 이 둘은 거리가 가깝다. 그래서 농서지방은 포기할 수밖에 없기에 사전에 이를 염두에 두고 농서지방을 미리 포섭해둔 것이다.

군사전략으로는 성동격서, 투자로 치면 환율, 채권 공격을 해서 국가가 환율방어에 전력을 다하게 한 다음 주식을 공격해서 수익을 내는 헤지펀드 전략을 취한 셈이다.

하지만 사마의가 아주 발 빠르게 맹달을 제거해버리는 바람에 병력을 형주에 묶어두는데 실패한다. 사마의는 형주의 병력을 돌려 A루트로 지원을 나가게 된 것이다. 이를 예상하지 못한 제갈량은 B루트에 조운을 보내 조진을 묶어 A루트를 평정하고 그 지역의 반란을 진압하고 있는 상황에서 사마의의 대군이 쳐들어오게 된다.

여기서 조예가 수도에 있지 않고 친위대를 이끌고 장안으로 이동한다. 병력의 5배가 차이나는 위나라의 주력들이 이 지역으로 다 몰려온 것이다. 조예는 최대한 전선에 가까운 장안으로 이동해서 옹주, 양주를 구원할 의지가 있다는 것을 보여준다. 옹주, 양주의 반란군은 희망이 있기에 항복하지 않고 끝까지 저항한다. 금융위기에 부양책을 내거나 통화스왑을 체결하면 실제 효과보다 더 강한 심리적 효과를 얻는 것과 같다. 그래서 농서지방 평정이 계획대로 되지 않고 주력군은 분산된 상태에서 사마의 군대가 몰려오는 상황을 맞이한 것이다.

제갈량은 위나라와 국력 차이가 컸기 때문에 농서지방이 꼭 필요했다. 평야지대에서 곡식을 얻고, 군사를 뽑을 수 있기 때문이다. 한중이 제1 베이스캠프라면 농서지방은 제2베이스캠프다. 매번 퇴각의 원인이 되었던 병력과 군량 문제가 해결되니 장기전이 가능해진다. 더 큰 이유는 말 때문이다. 산악지대인 촉나라는 지리상 말을 구하기가 어렵다. 기병이 부족해 위나라와 전면전을 하기 쉽지 않다. 하지만 농서지방을 차지하면 북방의 이민족들에게서 말을 구할 수 있다. 그러면 강력한 기병대를 꾸릴 수 있다. 당시에 기병대는 지금으로 치면 전차부대수준으로 하나의 기병대가 몇 배의 보병보다 강한 위력을 지녔다. 적은 병력의 촉나라가 위나라를 이기려면 강력한 기병이 필요했다. 그래서 농서지방이 더 필요했던 것이다.

이렇게 농서지방을 차지하면 배당과 자산이 늘어나게 된다. 그렇게 상대와 자산의 격차를 줄여 나가면 전쟁에서 이길 확률이 커지게 된다. 즉, 제갈량은 다음 전투를 위한 초석을 다지려고 한 것인데 일이 틀어진 것이다.

그래서 사마의가 몰려옴에도 농서지방을 평정해야 했고, 장합이 쳐들어오는 루트를 가정이라는 길목에서 막아야 했던 것이다. 여기서 장수들은 위연을 추천한다. 상대방이 에이스 투수를 내보내면 우리도 에이스를 내보내야 하는 것이 맞다. 기세를 위해서라도 그렇게 해야 한다. 그런데 그 중요한 경기에 마속이라는 신인투수를 내보내는 패착을 보인다. 마속이라는 인재는 문관출신에 제갈량이 편애하는 인물이다. 다른 장수와 부하들의 질투를 받고 있어 마속의 명령이

제대로 이뤄질 리 없다. 큰 전투를 앞두고 인사결정에서 이미 패배한 게임이다.

리더는 적재적소에 맞는 사람을 배치해야 한다. 그런데 제갈량이 자만했다. "저 자리는 길목만 지키면 된다. 이 참에 마속을 스타로 만들어 주고 후계자 자리를 굳히자."

무관의 대장격인 위연을 배치하면 본인 사후 무관의 힘이 커지는 것을 두려워했을지도 모른다. 자신이 문관이기 때문에 문관의 힘을 키우려고 한 정치적인 의도였을 수도 있다. 전력의 차가 크기 때문에 모든 것을 최상으로 이끌어야 이길 수 있는 것이 전쟁인데 여기서 정치적인 이유로 자만을 한 것이라 볼 수 있다.

투자에 있어서 자만은 한 순간에 나락으로 떨어진다. 특히, 전 재산을 건 투자에서 판단 미스는 마속처럼 회복불능의 손실을 불러온다.

마속은 머리가 좋았다. 그래서 제갈량의 의도를 더 앞서 이해했을 것이다. 상대의 기세를 꺾고 본인의 입지를 다지고 싶어 길목이 아닌 산위에 군대를 주둔하고 올라오는 적을 크게 격파하려고 했지만 장합은 백전노장이다. 상대가 원하는 타이밍과 장소에서 싸우지 않는다. 자신이 원하는 장소와 타이밍으로 마속을 끌어냈고 마속의 군대는 전멸하며 길이 뚫렸다.

외국인 투자자들은 주식시장에서 매우 영리하다. 절대 올라야 할 때 증시를 올리지 않는다. 모두가 오를 것이라고 하는 타이밍에 지수를 떨구고, 모두가 하락할 것이라고 하는 타이밍에 지수를 올린다.

그 과정에서 개인투자자들은 패닉에 빠진다. 우리가 원하는 주식이 내가 원할 때 오르지 않고 내가 팔고 나면 세력들이 올리는 이유와도 같다.

그래도 제갈량이 대단한 점은 전멸 위기에서 원금을 잃지 않고 철수한 것이다. 보통 잃었을 때 판단미스가 벌어지면 더 큰 손실을 불러오기 마련인데, 빠른 판단으로 피해를 최소화하고 병력을 그대로 퇴각시켜 다음을 기약할 수가 있었다.

투자에 있어서도 상황이 완벽하고 좋은 주식을 저렴하게 사면 대박을 낼 수 있을 것이라 확신한다. 이런 기회가 어그러지면서 돈을 벌지 못하고 나오면 평생 아쉬움이 남는다. 제갈량의 계획은 완벽했고 변수를 생각해 다음 계획까지 준비했다. 맹달의 반란이 실패할 것을 예상했고, 조예의 정예군이 농서로 올 것도 알았고, 가정의 길목만 잘 막으면 이긴다는 것도 알았다.

하지만 플랜 A, B, C 모두 실패로 끝나며 원금만 챙겨 돌아와야 했다.

우리도 투자를 할 때 무조건 플랜 A만 보고 투자하면 안 된다. 모든 것이 잘 될 거라고 생각하면 안 되고, 자만해서도 안 된다. 투자의 정석을 지키면서 변수를 만들어야지, 정석을 무시한 리스크 있는 전략은 큰 손실을 불러올 수 있다.

변동성이 심한 장에서는 안전장치를 꼭 가지고 투자해야 한다. 개인투자자에게 안전장치는 배당, 꾸준한 실적증가, 튼튼한 재무구조다. 이런 기업은 지수가 하락해도 언젠가는 본전 이상을 찾을 확률이 높다.

워런 버핏은 경우의 수가 발생해 혼란스러운 상황에서는 꽃놀이 패 주식에 투자를 하는 편이다. 예를 들어 2021년초 인플레 우려가 벌어져 증시 상승, 하락에 대한 의견이 팽팽히 맞섰다. 이때 버핏이 산 주식은 미국 정유 업체 2위인 쉐브론이었다. 배당수익률이 5%가 넘기 때문에 주가가 오르지 않아도 배당수익을 기대할 수 있었다. 유가는 60달러를 넘어 계속 오르는 상황이기 때문에 증시에 위기가 오지 않으면 정유주 주가는 계속 상승할 가능성이 높다. 이렇게 되면 버핏은 돈을 번다.

반대로 증시가 크게 하락하고 유가가 하락하면 정유회사는 큰 피해를 본다. 그런데 쉐브론은 메이저 정유 업체 중 현금을 꽤 많이 보유한 편이다. 2019년 4월에 쉐브론이 500억 달러에 인수 계약을 한 셰일 업체가 파기를 하고 5월에 경쟁사인 옥시와 550억 달러로 계약을 맺었다. 옥시는 무리한 인수를 하느라 버핏한테 돈을 빌려야 하는 상황으로 현금이 없어 부도 위험에 노출되어 있다. 만약 증시가 하락하면 옥시는 망할 수도 있을 것이다. 이 때 현금이 넉넉한 쉐브론이 버핏에게 돈을 좀 더 빌려 옥시를 인수하게 된다면 이후 시간이 지나 정유업이 좋아졌을 때 버핏은 엄청난 돈을 벌게 된다.

즉, 상황이 A, B, C 무엇이 되든 버핏은 돈을 번다. 산전수전 다 겪은 노련한 장수는 적이 어떤 방법으로 쳐들어와도 다 막을 수 있는 투자를 통해 원금을 잃지 않고 자산을 차곡차곡 불려간다. 투자자라면 경우의 수에 인생이 좌우되는 투자를 하지 말고 어떠한 상황에도 돈을 벌 수 있는 확률 높은 투자를 해야 한다.

사마의

그는 왜 여자 옷을 입었을까?

살다 보면 절제하기 힘들 때가 있다. 친구나 연인과 다퉜을 때, 직장에서 마찰이 있을 때, 또는 투자를 결정할 때 등등. 언제나 어디서나 참기 어려운 순간이 있다. 참을 수 없어서 충동적으로 한 선택은 돌이킬 수 없는 후회를 불러 오는 경우가 많다. 전쟁에서는 한 번 선택을 잘못하면 나의 목숨이 사라진다. 투자도 전쟁과 다를 바 없다. 실수로 잘못된 투자를 하고 나면 이 돈을 되찾기는 어려워진다. '미안하다 돌려 달라' 사정한들 돈은 돌아오지 않는다. 그렇게 한 사람이, 한 가정이 망가진다. 참을 수 있어야 지킬 수 있다.

그래서 삼국지 사마의 이야기를 하려고 한다. 삼국지의 주인공은 유비, 조조, 손권이지만 천하를 통일한 것은 사마의 가문이다. 일본을 통일한 것은 임진왜란을 일으킨 도요토미 히데요시지만 일본을 차지한 것은 도쿠가와 이에야스다. 조선 후기 정치를 쥐락펴락한 것은 안동김씨지만 미치광이 흉내를 내며 모욕을 참고 다시 정권을 차지한 것은 흥선대원군이다. 역사에서는 참고 기다릴 줄 아는 사람이 최후의 승자가 되는 경우가 많다.

제갈량은 삼국을 통일하기 위해 계속 북벌을 강행한다. 물자와 인력이 부족한 제갈량에게 가장 좋은 방법은 빨리 전투를 끝내 시간을 아끼고, 곡식을 아끼는 것이었다. 시간이 지날수록 불리한 쪽은 제갈량이고 인력과 물자가 풍부한 사마의는 시간이 지날수록 유리해졌다. 사마의는 무승부만 해도 전쟁에서 이길 수가 있었고, 제갈량은 싸우지 않으면 패배였다. 사마의 입장에서는 이길지 질지 모르는 도박 같은 전투를 할 필요가 없고, 제갈량은 도박이 필요했다. 싸우지 않고도 확실히 이길 수 있는데 굳이 싸움을 벌이는 장수는 어리석은 장수이다.

그래서 제갈량은 농서지방에서 움직이지 않고 지키기만 하는 사마의를 도발하기 위해 '격장술'을 썼다. 온갖 욕을 퍼부어도 성문을 닫고 나오지 않자 이번에는 사자를 보내 사마의에게 선물을 했다. 사마의가 선물을 확인해보니 '여자 옷'이었다. 싸움을 피하는 모습이 남자답지 못하니 여자 옷이나 입고 다니라는 조롱이었다. 보통은 사자의 목을 베거나 전투에 나설 법도 한데 사마의는 화를 참고 칼을 뽑으려는 부하를 말린다. 그리고 웃으면서 여자 옷을 입고 촉의 사신인 양의와 술 한 잔을 나눈다.

사마의가 이렇게 나올지 몰랐으니 양의는 사마의의 페이스에 말려버린다. 사마의는 제갈량의 안부를 묻는다. 적은 식사량으로 매일

과로하듯이 일을 한다는 말에 사마의는 '제갈량이 얼마 못 가 쓰러지겠구나' 라고 생각한다. 그렇게 100일 간의 대치 끝에 제갈량이 과로와 병세로 쓰러져 사망한다.

다른 역사를 살펴봐도 전쟁에서 화를 참지 못하고 공격을 해서 제대로 성공한 적이 없다. 상대는 나의 참을 수 없음을 알고 나를 유혹하기 때문이다. 그 유혹 뒤에는 칼이 있다. 성문을 열고 나가 신나게 싸우고 나서 돌아오면 이미 그 성에는 상대의 깃발이 꽂혀있다.

내가 살고 있는 곳보다 옆 동네가 더 오르는 것 같아서 이 집을 팔고 저기로 이사를 갈까 고민하는 경우, 오르는 주식이 이미 많이 올랐는데도 더 오를 것 같아서 지금 가진 것을 팔고 교체매매를 하는 경우 생각보다 수익률이 잘 나오지 않는다. 작전세력들은 개미들이 따라 붙도록 오름과 내림을 반복하며 사람들을 유혹한다. 그러다가 갑자기 오르면 사람들은 참지 못하고 서로 매수하려고 달려든다. 그렇게 사람들이 모이면 세력들은 주식을 팔고 나간다. 이후부터는 아수라장이 된다. 서로 나가려고 해도 사주는 사람이 없어 주가는 계속 내려간다.

직장생활을 하다보면 무시당하거나 불쾌한 대접을 받을 때가 있다. 화를 내거나 일을 그르치기보다는 하루 정도 시간을 갖고 참자. 그리고 전략을 짜자. 하루가 지나 다시 생각해보면 별일이 아닐 수도 있다. 아니면 그 일을 가지고 나를 더 성장시키는 연료로 쓰자. 내가 더 성공해서 돌아오면 모든 상황이 바뀌어 있다.

대중의 무시와 조롱을 받아도 참고 이를 잘 견뎌내는 모습을 보여주면 안티도 '찬티(찬양과 안티의 합성어로, 주가가 상승하기를 바라면서 찬양에 가까운 낙관적인 전망만 늘어놓는 사람이나 그러한 행위를 뜻함)'로 바꿀 수 있다. 대표적인 사례가 가수 비의 '1일 1깡'이다. 한때 월드스타였던 비가 과거의 춤과 노래로 누리꾼들에게서 조롱을 받았을 때 비는 덤덤히 참았다. 충분히 참고 참은 다음 방송에서 유재석이 이에 대해 질문을 던지자 도리어 즐기는 모습을 보여줬다.

의외로 쿨한 모습을 보여주자 그의 퍼포먼스를 웃음거리 삼았던 시청자들이 더 당황했고, 결국에는 그를 긍정적으로 바라보게 되었다. 그리고 곧 비에게 제2의 전성기가 왔다. 이름에 깡이 들어가는 제품 광고모델이 되는 등 현실을 즐기는 모습에 대중들은 열광했다.

한 나라에서 최고의 지도자가 되어도 외국에 나가서 무시를 받을 수도 있다. 누구나 참기 힘들 때가 있다는 말이다. 이를 어떻게 해결해 나가느냐에 따라 위기가 될지 기회가 될지 달라진다. 투자로 성공하든 직장에서 성공하든 사업에서 성공하든 얼마나 잘 참을 수 있는지는 정말 중요한 일이다.

투자에서는 사는 사람과 파는 사람이 있다. 둘 중 시간이 부족하거나 장기전에 불리한 쪽이 먼저 덤비게 되어 있다. 특정 위치, 시기로 끌어들이려는 세력들은 더 화려하고 자극적으로 꼬드긴다. 사기꾼들, 작전주 세력들은 짧은 시간에 가장 많은 사람들을 모아야 하기 때문에 여러 채널을 통해 높은 수익률을 자랑하며 사람들을 유혹하고 데려온다. 그들이 왜 자기에게 투자하라고 하는지 역으로 생각을 해보면 절대 투자하면 안 된다는 것을 깨달을 수 있다.

재무제표도 속이는 세상이다. 뉴스, 입소문, 상품소개, 전문가 추천은 조작하기 쉽다. 눈에 보이는 것을 보지 말고, 그들의 숨은 의도를 생각하고 접근하자. 최소한 소중한 돈을 잃게 만들지는 않을 것이다.

2006년 1,300원에서 5만원 이상까지 오르며 단기간 40배 상승을 보여줬던 베어링 제조업체 루보는 고점을 찍은 후 거래일 11일 연속 하한가를 맞으며 한 달 만에 3천원으로 내려왔다. 자꾸 오르니까 도저히 못 참고 산 사람들은 엄청난 손실을 떠안아야 했다. 그 후로 10년이 지났지만 주가는 다시 오르지 못하다가 2018년에 상장폐지됐다. 한 번 당하면 회복이 되지 않기 때문에 급등주는 더 조심해야 한다.

몽골

수부타이의 유럽 격파 전략

역사상 가장 넓은 제국을 다스렸던 칭기즈칸은 어떻게 그 먼 지역을 정벌할 수 있었을까? 당시 몽골 군은 기병 중심이었기 때문에 기동성을 확보할 수 있었다. 군대의 이동속도가 워낙 빨랐기 때문에 두 곳에서 벌어지는 전쟁을 한 부대가 거의 동시에 소화할 수가 있었다. 호라즘 제국을 정벌할 때 진군속도가 1일 134km였다. 임진왜란 때 전쟁을 알리는 파발마 속도가 105km였는데 본대 이동속도가 파발마보다 더 빨랐다는 것이다. 몽골의 파발마 속도는 1일 352km였다. 전쟁에서 속도는 승리에 중요한 열쇠가 된다. 30~40km마다 말을 갈아탈 수 있는 역참을 설치하고 이동속도를 위해 말과 군대의 갑옷을 유럽 기사의 10분의 1 수준으로 가볍게 했다. 그리고 식사를 말 등에서 달리면서 할 수 있었는데 소 1마리를 육포로 만들어 주머니에 달고 다녔다. 그 양으로 1년치 식사가 가능하다. 보병 중심의 부대는 가마솥, 무기 등을 들고 이동을 하고 밥을 짓고 쉬느라 많은 시간이 걸린다. 애초에 시스템이 달랐기 때문에 이런 제국을 유지할 수 있었다.

칭기즈칸의 몽골 군대는 병력이 중국보다 훨씬 적었지만 중국 정벌에 성공했고, 2만명이 채 되지 않는 군대로 유럽도 정벌했다. 1219년 칭기즈칸은 중앙아시아에 위치한 호라즘 왕국을 공격한 후 도망치는 술탄을 추격하기 위해 명장 제베와 수부타이에게 2개 부대를 맡긴다. 이 부대의 병력을 1만 5천에서 2만 사이로 보고 있다. 제베와 수부타이는 술탄이 도주 중 사망했다는 소식을 듣고 칭기즈칸에게 편지를 보내 지시를 기다린다. 그 사이 지역의 맹주 조지아 왕국과 한판의 전투로 조지아를 괴멸시킨다. 이후에는 초원을 찾아 위로 올라가다 킵차크족과 싸워 이긴다.

몽골 군대의 특징은 전력이 손실 나는 만큼 그 지역에서 징병을 통해 전력을 계속 충원한다는 점이다. 그래서 유럽정벌 끝까지 일정한 병력을 유지할 수 있었다. 굳이 본국의 병력만으로 싸워야할 필요는 없고 현지에서 채용해서 싸우면 된다는 유연한 사고가 전쟁에서도 돋보였던 것이다.

몽골의 사고는 유연하다. 마치 로마를 닮았다. 정복한 나라의 종교를 인정해줬고 능력이 있는 자는 벼슬길에 올랐다. 가장 중요한 것은 몽골이라는 국경 내의 지역들은 자유무역이 가능했다. 일종의 몽골 FTA라고 볼 수 있다. 자유무역을 통해 물자의 교류가 활발해지면 네트워크가 형성되고 국가는 자금력이 생긴다. 이 경제적 발전은 제국을 더 확장할 수 있는 힘이 된다. 제국의 힘이 커질수록 구역내의 무역은 보호를 받게 되고 더 활발한 상업 활동이 가능해진다. 몽골은 잔인하면서도 자신들을 섬기는 나라에 대해서는 관대한 면이 있었다. 내 편과 적에 대한 태도가 극단적이었기 때문에 정복지의 나라들이 함부로 반란을 꾀할 수가 없었다.

1223년 칭기즈칸의 편지가 도착한다. 전리품을 가지고 귀환하라는 명령이다. 제베와 수부타이는 카스피해를 한바퀴 돌아 본국으로 돌아가려고 했다. 이 때, 카프카스인들과 킵차크족이 연합해 대항한다. 몽골군대는 이들을 격파하면서 더 위의 크림반도까지 진출한다.

킵차크족은 러시아의 여러 공국들에게 몽골군대가 러시아로 진격한다고 소문을 냈고 러시아 공국의 형님 격인 키예프공국과 연합국들은 돌아가려는 몽골군대를 공격한다. 본대는 몽골로 돌아가고 남아있는 천명의 몽골군은 전멸한다. 그러자 몽골군은 회군을 하고 러시아의 8만 대군과 몽골의 2만 병력이 칼가강에서 충돌한다. 결과는 몽골군의 일방적인 학살로 러시아 병력의 3분의 2가 전멸한다. 몽골군은 본국으로 회군하고 10년 뒤 수부타이는 다시 2차 유럽원정을 나선다.

2차 유럽원정에서는 바투가 명목상 총사령관이 되고 수부타이가 부사령관이 되어 유럽정벌을 총지휘한다. 당시 나선 병력이 5만이었고 그 병력으로 유럽을 다 격파하고 돌아온다. 볼가강 유역의 볼가르와 킵차크를 공격해 대파하고 여기에서 병력을 충원해서 15만으로 군대를 증강시킨다. 다음은 루시의 여러 공국을 격파하고 혹한에 모스크바로 북상해서 나폴레옹도 히틀러도 성공하지 못했던 러시아를 정벌한다. 몽골의 말은 혹한에 강했다. 눈 속에서도 풀을 찾아 뜯을 수가 있는 말들로 혹한이 오히려 강도 얼고 늪지대도 없어 진군하기 좋다. 다음은 키예프 공국, 헝가리, 폴란드, 튜턴기사단을 격파시키며 오스트리아, 로마 등 유럽 전역을 공격하려던 찰나 본국에서 2대 칸인 오고타이 칸의 사망소식으로 회군하게 된다.

몽골의 전력과 기술을 보면 적은 병력으로도 대승을 할 수밖에 없었다. 먼저 유럽은 봉건주의 사회였다. 기사와 영주로 이뤄진 조직은 연합전술에 익숙하지 않았다. 연합군과 단일부대는 조직력에 큰 차이가 있다. 몽골군대는 40%의 중기병과 60%의 경기병으로 이뤄져 있다. 중기병은 돌격을 하고 경기병은 상대를 유인하는 역할과 말에서 활을 쏜다. 모두가 말을 타고 움직이기 때문에 상대의 앞, 옆, 뒤에서 나타나는 전술이 가능하다. 그리고 가볍다. 유럽은 갑옷의 무게가 상당하기 때문에 일정기간 진군을 하고 나면 지친다. 화살의 거리가 몽골은 320미터, 유럽은 230미터였다.

이런 조건 때문에 수부타이의 망구다이 전략은 유럽을 상대로 꽤나 효과적이었다. 유럽은 중세라는 시대적 상황 때문에 상대를 속이는 거짓된 전술을 쓸 수 없었다. 몽골군은 상대가 지칠 때까지 일부러 퇴각한다. 어느 정도 이뤄지고 나면 숨어있던 본대가 나타나고 도망치던 부대도 돌아서서 지친 적에게 집중공격을 한다. 지친 적은 너무 멀리 나와 돌아갈 수도 없고 지친 상태로 전멸하게 된다. 이런 망구다이 전략에 유럽의 군대는 번번이 당했다.

또한 전투에서 기세를 잡았을 때는 포위망의 출구 하나를 열어둔다. 포위망이 없으면 상대는 결사항전을 한다. 그러면 공격하는 쪽도 피해가 만만치 않다. 일부러 포위망을 열어두면 상대는 빨리 달리기 위해 무기와 갑옷을 버리고 도망을 친다. 그러면 빠른 기병이 달려가며 상대를 학살한다. 이 방법을 개구전술이라고 부른다.

이러한 전략으로 수부타이는 BBC가 꼽은 세계 명장 1위로 꼽힌다. 살아서 32개국을 정복하거나 멸망시키고 61회의 대규모 전투에서 승리를 거뒀다.

투자를 하다보면 망구다이 전략을 쓰는 세력들을 자주 본다. 돈을 벌 것처럼 사람을 꾀어낸다. 그들을 따라 투자해서 약간의 수익이 생기고 이 재미가 들리면 이제 의심은 사라지고 오로지 수익만 눈에 들어온다. 더 깊숙이 더 많은 돈을 집어넣고 나면 그 세력은 이제 돌변해서 공격한다. 영혼까지 끌어 투자한 돈이 한순간에 사라진다.

서브프라임 사태가 발생하기 전에 증시가 하락할 균열음은 계속 나오고 있었다. 하지만 대중의 욕심은 경고를 무시했다. 2006년부터 미국 부동산과 증시는 하락세를 걸었지만 증시는 2008년까지 상승했다. 2008년 3월 월가 5대 투자은행인 베어스턴스가 서브프라임 사태로 파산 위기에 갔지만 2007년에 주식으로 달콤한 맛을 본 투자자들은 계속 달려들어 증시는 생각보다 하락하지 않았다. 2008년 9월 미국의 4대 투자은행 리먼 브라더스마저 파산하자 이제야 대중은 심각성을 깨닫고 돈을 빼내려고 했다. 하지만 때는 늦었다. 그 여파로 코스피 2,000을 넘던 우리 증시는 900 이하로 내려가고 수많은 사람이 손실을 입었고, 많은 기업들이 부도를 맞았다.

2021년 미국의 게임스탑은 이상한 주가 모습을 보였다. 공매도 세력과 싸우겠다는 개인투자자들이 커뮤니티에 글을 올리며 주가가 급등했고 이후 투자자들이 말도 안 되는 수익률에 현혹되어 몰리기 시작했다. 이슈가 생기고 며칠 되지 않아 선도세력이 수익을 챙기고 나간 모습이 보였다. 하지만 대중들은 경고에도 불구하고 지금도 주가가 오르는데 그럴 리 없다며 더 큰돈을 투자했다. 머잖아 게임스탑 주가는 엄청난 하락을 시작했다. 이 과정에서 수많은 투자자의 돈이 사라졌다.

투자를 할 때는 수부타이처럼 해야 한다. 수부타이는 1차정벌 후 2차정벌을 하기까지 10년간 유럽의 정보를 수집했다. 국가와 병력, 배치, 무기들을 생각하면서 천천히 준비했다. 그리고 본인들이 유럽의 기사단보다 강한 장점을 모두 활용해 전술에 녹였다. 빠른 이동속도, 추위에 강한 군대, 긴 화살거리, 가벼운 갑옷, 이동하면서 활을 쏠 수 있는 기술로 몽골기병에 딱 맞는 전술을 만들었고 상대는 약점을 찾지 못하고 무너졌다.

투자자는 자신의 장점과 현재의 상황에 가장 잘 맞는 투자법을 써야 한다. 자금력, 현금흐름, 투자지식, 직업, 전공, 금리, 환율, 유가, 외교 등 모든 장점을 하나로 모아 전략을 만들어야 남보다 유리한 위치에서 투자가 가능하다. 건설업에 근무하는 사람이 건설주식을 투자하면 남보다 위험이나 호황이 오는 것을 먼저 알아차리고 대응할 수 있다. 의료업에 종사하는 사람이 미국의 건설회사에 투자하면 전혀 장점을 살릴 수 없다.

젊은 시절의 나는 운 좋게도 주위에 건설업과 관련된 사람들이 많이 있었다. 15살에 경매 책을 읽었던 아이가 20대에 건설업 종사자들을 만났으니 얼마나 신이 났을까? 부동산과 건설에 대해 빠르게 배울 수 있었고 남보다 먼저 투자를 해서 건설주와 부동산에서 모두 수익을 크게 낼 수 있었다. 그래서 지금도 내가 잘 아는 업종에 대해서만 투자를 하고 있다. 업종 하나를 이해하는 데는 반년에서 1년 이상이 걸린다. 주로 대규모 투자를 하기 때문에 투자에 대한 부담이 큰 편이고 업종과 기업에 대해 완벽히 이해를 해야 전쟁에 나설 용기가 생겼다.

회전이라고 불리는 대규모 전투에서 지는 쪽은 나라의 명운이 갈리게 된다. 이 회전을 잘 하는 인물이 한니발과 수부타이다. 그들의 공통점은 자신의 장점을 완벽히 살리는 전략을 썼고 상대를 철저히 분석해서 전쟁을 했다는 점이다. 투자자도 백전백승하려면 이런 투자법이 필요하다.

루터

종교개혁과 유튜브의 성공

루터의 종교개혁은 중세와 근대를 나누는 기준이 된다. 중세에 대한 불만이 루터의 종교개혁을 기점으로 터져 나오고 큰 변화들이 일어났다. 루터 이전의 중세에서 교황은 권력의 상징이었다. 당시의 성경은 라틴어로 되어 있었고 일반인들은 라틴어를 읽을 수 없었다. 라틴어를 읽을 수 있는 사람은 교황과 사제들뿐이었다고 해도 틀린 말은 아닐 것이다. 즉, 라틴어를 읽을 수 있는 것 자체가 권력이었다.

라틴어 성경에는 "죄의 값을 치러야 천국에 간다"는 구절이 있다. 이 구절을 근거로 화려한 성 베드로 성당의 건축비를 충당하기 위해 면죄부를 팔았다. 특히 독일을 대상으로 집중적으로 팔았는데 이는 루터를 일깨웠다. 루터가 헬라어로 된 성경을 보니 그 내용은 "회개하라. 천국이 가까웠다"였다. 루터는 천 년 넘게 속았다는 사실을 알게 되었다. 그 이후로 루터가 한 일은 성경을 라틴어가 아닌 독일어로 번역하는 것이었다. 그래서 라틴어라는 권력은 사라졌다. 이제 성경이 대중화되기 시작했다. 즉, 교황의 권력이 약해지는 것을 의미한다.

루터가 번역한 독일어 성경이 보급될 수 있었던 것은 르네상스 초기 인쇄술의 발달도 한몫했다. 카를 5세와 교황의 압박에도 루터를 보호한 독일의 프리드리히 3세 덕분에 성안의 요새에서 10개월간 성경을 독일어로 번역할 수 있었다. 1522년 독일어 성경 초판이 나왔고 이후 전 독일에 퍼지며 종교개혁의 불길이 들불처럼 번졌다. 이후 독일을 무대로 최후의 종교전쟁이자 최초의 근대적 영토전쟁인 30년 전쟁이 벌어지는 계기가 되었다. 이 전쟁으로 부의 축이 유럽 대륙에서 영국으로 넘어간다.

17세기에 이르러 소빙하기가 와서 농업은 황폐해졌고 곡식이 부족해지는 기근이 왔다. 기근은 전쟁을 불러일으킨다. 16세기의 호황으로 인구는 늘었고 식량은 줄었는데 흑사병까지 겹치게 된다. 왕실과 귀족들은 빚더미에 올랐고 빚을 갚으려고 세금을 더 올리자 각지에서 농민 반란이 일어나게 된다. 이런 상황에서 벌어진 30년 간의 전쟁은 겨울에도 쉬지 않고 진행되었고 유럽을 초토화시킨다. 당시 전쟁 피해가 없었던 영국은 엘리자베스 1세가 등장하게 되고 해가 지지 않는 나라로 부상하며 새로운 패권국이 된다.

이처럼 루터의 종교개혁은 하나의 원인으로 발생한 사건이 아닌 정치, 외교, 기후, 경제, 종교 등 모든 것들이 한 지점에서 만나면서 벌어졌던 불가피한 일이었다. 여기서 얻은 교훈은 대중이 쉽게 접근할 수 없는 그것이 곧 권력이라는 점이다. 라틴어를 통제했기 때문에 교회는 권력을 가질 수 있었고 면죄부를 팔 수 있었다. 통제가 사라지고 지배층의 권력이 약해지자 부와 권력이 시민이라고 불리는 중산층으로 이동했다.

당시의 종교는 과학보다 위에 군림했다. 지구가 태양을 중심으로 돈다고 갈릴레이는 말했지만, 하나님이 만든 지구가 우주의 중심이라는 천동설이 옳다고 인정하라는 강요를 받았다. 과학이 종교의 지배에서 벗어나자 기술은 빠르게 발전했다. 갈릴레이가 처벌을 받은 1633년 후 150년이 지나 증기기관을 발명하고 1차 산업혁명이 시작된다. 그 후 1863년에는 런던에 지하철이 생긴다. 40년 후인 1903년에는 라이트 형제가 비행에 성공한다.

루터는 죽음을 무릅쓰고 권력화된 종교와 싸웠고 이는 나비효과가 되어 집중된 권력을 해체 시켰다. 해체 과정에서 부와 권력이 새로운 계층으로 흘렀고 신흥부자와 신흥권력이 탄생하게 된다. 그 부와 권력을 갖고자 하는 인간의 욕망은 여러 계층을 자극했고 과학, 정치, 경제의 발전을 가져다주었다.

근대에서 현대로 넘어오면서 권력은 더 세분화되었다. 이제는 권력이 교황과 왕이 아닌 국민에게 있다. 사상과 문화도 다양하게 넓혀졌고 포스트모더니즘이라고 불리는 시대는 개별성, 다양성으로 정의된다. 투자자는 이 흐름을 알아야 돈이 어디로 흐르는지 알 수 있다.

또 하나, 방송국은 한 때 권력의 상징이었다. 방송은 쌍방향이 아닌 한쪽 방향으로 전달된다. 시청자는 반대로 서로의 의견을 교류할 수가 없었다. 그래서 방송을 장악한 자는 힘을 가졌고 권력은 방송과 언론을 탐냈다. 처음에는 몇 개의 방송국이 그 권력을 누렸으나 방송 국의 수가 늘어나면서 방송의 권력은 다소 약해졌다. 그래도 방송국 의 힘은 위세를 떨쳤다.

하지만 유튜브의 등장은 방송국을 결정적으로 무너뜨렸다. 유튜브 는 개인이 방송국이 되고 서로가 소통하며 영향을 주고받는다. 이보 다 더 쪼개질 수 없을 정도로 세분화되어 시청자가 원하는 소통을 자 유롭게 이뤄주고 있다. 방송 중에도 시청자는 의견을 전달하고 방송 은 이에 맞게 움직인다. 무한한 경쟁 속에서 새로운 시도가 매일 쏟 아지고 새로운 스타가 탄생한다. 속도, 다양성, 개별화에서 방송국이 유튜브를 따라가지 못하게 된다.

방송국이라는 제국이 흔들리자 광고주들은 더 저렴하고 효과적인 유튜브 채널에 광고비를 냈고 연예인들이 받던 광고비가 유튜버로 넘어가기 시작했다.

루터의 개혁 덕분에 하나님과 인간 사이에서 중재를 독점하던 교 회의 권력이 사라지고 신자들 누구나 예수의 이름으로 하나님과 직 접 대화할 수 있게 되었다. 말하자면 누구나 제사장이 될 수 있는 길 이 열린 것이고, 유튜브는 방송국이 독점하던 권력을 무너뜨리고 누 구나 방송국이 될 수 있게 만들었다.

그럼 정말로 돈과 권력이 모두에게 나눠진 것일까? 전 세계 방송 국, 신문사가 가져가야 할 광고료가 유튜버들에게 이동한 것처럼 보이지만 실제로 구글이라는 한 회사로 몰리는 집중현상을 보이고 있다. 유튜브를 보면 나오는 광고 수익의 45%를 구글이 가져가니 전 세계에 송출되고 있는 광고수익을 생각하면 세상의 돈이 구글로 들어가고 있다고 볼 수 있다.

또한 쇼핑도 제국에서 개인으로 넘어가고 있다. 예전에는 백화점이 쇼핑의 제국을 이뤘고 방송의 힘을 가진 홈쇼핑이 새로운 강자로 부상하고 있었다. 그 이후에는 인터넷의 힘을 바탕으로 몇몇 쇼핑몰이 강력한 힘을 발휘했다.

백화점의 주가는 10년째 내리막길을 걷고 있다. 현대백화점 주가는 10년 전 20만원에서 2021년 현재 9만원, 광주신세계는 5년 전 38만원에서 현재 17만원, 대구백화점은 7년 전 2만 5천원에서 현재 1만원으로 하락했고, 2021년 7월에는 문을 닫는다.

반면 200달러였던 아마존은 3,400달러로 17배가 올랐다. 온라인유통 후발주자인 쿠팡은 현재 시가총액이 80조로 코스피 시총 2위인 SK하이닉스(94조)보다 낮은 상태로 코스피에 상장했다면 국내 시총 3위에 속한다. 주가는 오프라인 매장이 저물고 온라인 매장이 뜨고 있다는 것을 말해주고 있다.

하지만 시대는 더 다양하고 개별적인 것을 원했다. 그래서 탄생한 것이 라이브커머스다. 방송국이 하던 홈쇼핑을 개인이 하고 그 제품을 좋아하는 시청자가 물건을 구입한다. 소품종 대량생산의 시대에서 다품종 소량생산의 시대로 넘어간다. 이 과정에서 홈쇼핑은 크게 흔들리고 있고 라이브커머스는 굉장히 빠른 속도로 성장하고 있다. 그럼 돈은 다시 어디로 흘러갈까? 라이브커머스를 모아주는 네이버 쇼핑, 카카오 등에 돈이 몰려갈 것이다.

문화는 개별화가 되지만 돈은 플랫폼이라고 불리는 소수의 기업으로 흐르는 것이 지금의 추세다. 돈이 소수로 흐르니 오히려 투자자는 투자 대상을 찾기가 더 쉽다. 여러 하천의 물이 모여 강이 되고 여러 강은 다시 바다로 흐른다. 우리는 그 바다에 투자하면 된다.

2장

예술에서 영감을 받은 투자 아이디어

칸딘스키

선이 만나면 점이 되고, 점은 돈이 된다

몬드리안과 더불어 추상화의 창시자로 불리는 칸딘스키의 작품에는 공통점이 있다. 작품이 주로 점, 선, 면으로 구성되어 있다는 점이다. 실제로 칸딘스키는 『점, 선, 면』이라는 책을 쓰기도 했다. '추상'은 보이지 않는 것을 말한다. 기분이나 느낌, 의미, 생각들을 표현한다. 정해진 것이 없기 때문에 정해지지 않은 자유로운 방법으로 자신만의 의미를 전달해야 한다.

칸딘스키는 모스크바 대학에서 경제학, 법학을 전공한 후 30세에 법학자의 길을 버리고 그림을 공부했다. 다양한 학문을 접한 그는 미술도 다르게 접근했다. 미술을 음악이라고도 생각했다. 음표와 쉼표, 박자를 통해 음악을 만들 듯이 점, 선, 면을 통해 소리 없는 악보를 그림으로 표현했다.

칸딘스키의 추상화는 나에게 다른 점, 선, 면으로 보였다. 그는 이것으로 음악을 표현하려 했고 나는 이것에서 지도를 보았다. 내게 보이는 점, 선, 면은 조금 다른 의미로 점, 선, 원이었다.

그것은 서울의 지하에서 흔히 볼 수 있는 선과 점과 원이다. 지하철노선은 선으로 표현되어 있고 선과 선이 만나는 점은 환승역이다. 순환선인 2호선만이 원으로 보인다. 직업병일 수도 있고 세상을 보는 나만의 방법일 수도 있다.

어릴 적부터 이사를 많이 다녔고 여러 동네에서 살았다. 그 동네로 이사를 가면 가장 먼저 하는 일이 교통편을 외우는 일이었다. 학교를 다니고 직장을 다니고 장을 봐야 하기 때문에 버스노선, 지하철노선, 걸어 다니는 동선을 생각했다. 이것이 내가 경험한 선이다.

나와 같은 사람들이 출근이나 통학을 하기 위해 한 점으로 모여든다. 그곳이 버스정류장이고 지하철역이다. 수많은 선들이 걸어서 모이고 그곳이 점이 된다. 점이 있는 곳에는 우리를 유혹하는 먹거리, 볼거리가 많이 있다. 차들도 각기 집에서 나와 어딘가로 이동하고 한 곳으로 모인다. IC, JC, 휴게소에 가장 많은 차들을 볼 수 있다.

사람들은 이를 일컬어 목이 좋다고 표현한다. 점이 있는 곳에 사람이 있고 사람이 있는 곳에서 지갑이 열린다. 사람들은 점에서 이동을 멈춘다. 멈추기 때문에 시선을 앞으로 두지 않는다. 주변을 보면 늘 지갑을 열게 하는 것들이 있다. 그곳에서 지갑을 열고 돈이 돌고 상권이 형성된다.

선에서는 돈이 돌지 않는다. 사람들은 옆을 보지 않고 앞을 본다. 그리고 시간을 재며 걷는다. 이런 곳에서는 돈이 돌기 어렵다. 사람은 많이 돌아다니는데 돈은 돌지 않는다. 대신 하나의 선들이 아닌 여러 선이 겹쳐서 느리게 걷는 곳이 있다. 그곳은 돈이 된다. 여러 개의 선을 겹쳐서 그리면 선은 점점 진해진다. 선을 빠르게 그리면 색이 진하지 않지만 느리게 그리면 색이 진한 선이 된다. 이 진해지는 선의 색만큼 돈이 된다. 사람이 많이 걷는 길은 느리다. 느리기 때문에 부딪혀도 크게 다치지 않고 옆을 볼 여유가 생긴다. 느리기 때문에 옆의 글씨와 사진들이 눈에 들어온다. 그리고 생각할 시간이 주어진다. 그래서 앞으로 걷던 길의 방향을 틀어 옆으로 걷는다.

이를 우리는 번화가라고 부른다. 그래서 번화가는 속도가 빠른 대로보다는 이면도로에 많이 있다. 강남역을 가면 대로보다 이면도로에 더 많은 사람들이 있다. 강남을 빼면 도로가 일자로 잘 뻗은 곳들보다 자잘한 골목이 많은 곳이 번화가인 경우가 더 많다. 골목이 복잡할수록 사람들의 걸음은 더 느려지고 가게들의 노출은 더 길어진다. 잘못 들어선 길에서 괜찮은 가게를 발견하고 생각지 않은 소비를 하게 된다. 대로일수록 사람들의 목적이 명확하기 때문에 되는 가게만 장사가 된다. 하지만 골목에서는 새로 시작한 작은 가게도 성공신화가 나올 수 있다.

원은 순환한다. 왼쪽으로 가도 오른쪽으로 가도 다시 돌아 제자리로 돌아온다. 그래서 원은 부드러운 느낌을 주고 안정감을 제공한다. 원을 다르게 보면 테두리가 된다. 사람들은 원 밖에 있는 것보다는 원 안에 있는 것을 선호한다. 그것이 우리의 DNA이다. 성은 보통

원 모양으로 짓는다. 전쟁이 나면 성 안에 있는 것이 성 밖에 있는 것보다 훨씬 안전하다. 즉, 원이 안과 밖을 경계 짓는 선이 되는 것이다. 서울의 경우 2호선이 서클라인이다. 집값을 보면 서클라인 안과 밖의 평균 부동산 가격이 다르다. 국내뿐만 아니라 해외도 서클라인이 있는 곳은 가격이 다른 곳보다 비싸다.

특히 원 안에 어떤 장애물이 있는 경우 이 서클라인은 경쟁력 있는 길이 된다. 제주도의 경우 한라산이라는 장애물 때문에 해안가가 발달했다. 해안도로를 타고 한 바퀴를 돌면 제주도를 한 바퀴 돈 것이다. 제주도에서도 해안가 가격상승이 눈에 띄었다.

부산은 산에 둘러 싸여 있는 도시로 인구밀도가 높은 곳이다. 산 중턱에도 아파트를 지어야 할 정도로 평지가 부족하다. 그 도시 한복판에도 황령산이 존재한다. 그래서 부산의 동네는 황령산 주변으로 원을 두르고 있다. 황령산 왼쪽에는 1호선이 남북으로 지나고 황령산 아래는 2호선이 동서로 지난다. 황령산 북쪽은 3호선이 동서로 지난다. 이 황령산을 주변으로 도시가 발달했고 그 동네이름이 부동산 조정지역으로 지정된 동래구, 연제구, 수영구, 남구다.

최근에는 장산을 중심으로 둥글게 발전하기 시작했다. 처음에는 장산 아래의 해운대만 발달하다가 왼쪽의 반여동, 서동이 개발 중이고 동쪽으로는 송정, 기장, 일광이 개발되고 있다. 북쪽으로는 반송동이 개발 중이고 4호선 종점인 안평역이 있다.

응용을 해보자. 세종시의 교통지도를 점, 선, 원으로 보면 이렇다.

세종시는 가운데 강, 호수공원, 수목원이 있어 원모양의 도시를 이루고 있다. 도시의 모양과 맞게 서클라인을 도는 BRT버스를 추진 중이다. 4, 5, 6생활권은 아직 100% 개발이 된 상태는 아니고 1, 2, 3생활권은 개발이 완료되었다. 그래서 이 BRT는 아직 도시를 돌지 않고 오송역에서 반석역을 가는 노선과 오송역에서 1, 2, 3생활권을 지나 대전역을 가는 버스가 주력이다.

그럼 이 도시에서는 A, B, C라는 3가지의 점이 생긴다. 도시가 완성이 되면 서클라인이 주축이 될 것이고 오송역, 대전역, 반석역을 가야 하는 사람들은 각자 이 점에서 내려 다시 버스를 갈아타야 할 것이다. 그러면 이 점은 사람들이 머무는 공간, 만나는 공간이 된다. 대전역과 오송역은 기차역이지만 반석역은 지하철역이다. 이 지하철역을 A지점까지 10km만 연장하면 사람들의 환승은 더 많이 발생하게 된다. 우연인지 계획인지 터미널이 A지점에 있고, 코스트코, 병원, 종합운동장 예정부지가 이곳에 있다.

반대로 B는 아직 4, 5, 6이 개발 중이기 때문에 흐르는 점이다. 이 점에서는 사람들이 대중교통을 이용하기보다는 자동차로 지나다닌다. 그래서인지 이곳에는 상권이 커지지 않고 있다. C는 서울을 오가는 사람들이 다니는 곳으로 많은 유동인구를 가지고 있지만 출근과 퇴근을 하는 사람들이 주로 대중교통을 타고 지나가는 길이다. 아직 C에 멈춤이 발생하지 않는다. 정부청사와 오송역은 주요 노선이기 때문에 C에서 환승을 하는 일이 별로 없을 것이다. 그래서 A, B, C의

밀집시설이 차이가 나고 있다.

　도시를 점, 선, 원으로 보면 새로운 것들이 보인다. 칸딘스키가 이런 메시지를 던지지 않았겠지만 미술은 해석하는 사람이 영감을 얻을 수만 있다면 더 좋은 작품이 아닐까. 그런 의미에서 나는 칸딘스키의 작품이 참 좋다.

피카소

입체 투자를 생각하다

파블로 피카소는 유명 화가들이 쏟아졌던 르네상스 시기보다 훨씬 이후에 태어났다. 1881년에 태어나 1973년에 사망했으니 우리는 피카소와 동시대를 살았다고 볼 수 있다.

피카소는 입체파의 창시자로 알려져 있는데, 파리로 이주한 이후 몽마르트의 보헤미안들과 어울리며 르누아르, 툴르즈, 뭉크, 고갱, 고흐의 영향을 받았다. 이 과정에서 인상파의 작품들, 원시주의, 표현주의의 영향을 받게 되었다.

피카소는 20세기 예술 전반에 혁명을 일으켰다. 초기에는 청색시대를 열었는데 우울하고 고독한 느낌의 화풍을 가지고 있었다. 이후에는 장밋빛 시대를 열었다. 청색시대와 반대되는 감상적이고 로맨틱한 시대다.

피카소의 그림을 보면서 나도 많은 깨달음을 얻었다. 피카소는 구상화를 못 그리는 사람이 아니다. 아주 어린 시절의 그림을 보아도 그는 아주 뛰어난 구상화가였다. 그러나 그는 과감하게 그 세계를 버리고 그 누구도 걷지 않은 미답의 세계를 열었다. 새로운 입체적인 구성을 위해서는 그림에 대한 완벽한 이해가 있어야 가능하다.

이를 투자의 세계로 끌어오면 우리는 전통적인 투자의 르네상스 시대를 살고 있는 것은 아닌가 싶다.

투자의 전통적인 관점은 기업의 이익과 실적이 증가하고, 배당이 늘어야 주가가 오른다는 것이다. 지속적으로 성장해야 한다는 관점에 사로 잡혀 있는 것은 아닌가 생각이 든다.

그러나 요새 주가가 천정부지 오르는 새로운 신흥강자들은 전통적인 관점의 투자자가 투자할 수 없는 사업구조를 가지고 있다.

예를 들어 페이스북, 트위터, 구글, 카카오, 등의 기업은 우선 서비스를 제공한다. 초기에는 이 과정에서 수익이 발생하지 않는다. 하지만 이용자는 점점 늘어난다. 이용자가 모이면 이곳은 플랫폼이 되고, 광고가 생기고 새로운 부가서비스들이 생겨나며 수익을 내기 시작한다.

테슬라 등의 신생기업들도 초기에는 엄청난 적자를 내야 했다. 그 적자를 감당해 나가며 이용자, 기술, 빅데이터를 확보하고 난 다음에 수익을 내기 시작하는 방법이다.

전통적인 투자자들은 사업을 작게 시작하며 매출이 늘어나고 제품이 늘어나고 시장을 확대해 나가는 기업에 투자한다. 즉, 처음부터 이익이라는 것을 보고 들어간다. 그런데 위의 신흥기업들은 계속 적자다. 적자인 상태에서 투자자가 생기고 그 투자자금으로 다시 판을 더 키운다. 이 과정에서 기업은 계속 적자이지만 주가는 수직상승을 한다.

이익이 있어야 투자를 하는 투자자의 관점에서는 투자를 할 타이밍이 주어지지 않는다. 적자를 함께 한 투자자들만 성장의 열매를 가져갈 수 있다. 전통적인 투자 관점으로는 투자가 어려운 기업들이 대박 수익을 안겨주는 세상이 왔다. 2018년에 테슬라의 투자금이 말랐다는 뉴스와 함께 이 사업이 과연 되겠느냐는 의문을 제기하던 시절이 있었다. 그리고 나서 2년 뒤 테슬라 주가는 당시 500달러에서 주식분할 전 가격으로 현재 2,000달러가 넘는다. 2년만에 300% 넘는 수익을 준 것이다.

쿠팡도 매년 적자를 보고 단 한 번의 흑자를 기록한 적이 없음에도 시장에서 평가받는 가치는 조 단위로 오르고 있다. 적자만 냈던 이 기업은 지금 나스닥에서 70조 원이 넘는 시가총액을 기록하고 있다.

최근의 창업 트렌드도 이와 같다. 처음부터 현금이 나오는 사업은 매력이 없다고 생각하는 관점이 커졌다. 우선 사람들의 관심을 끌고 사람을 모으고, 데이터를 쌓아 플랫폼을 만들고 이 사업을 키운 뒤, 다른 곳에 팔아 크게 돈을 벌고 빠져나오는 전략을 취하려고 한다.

사업의 시작부터 탈출까지 흑자는 존재하지 않는다. 사람을 모았다는 플랫폼이 돈이고, 개인정보를 수합한 데이터가 돈이 된다. 서비스를 무료로 주고 데이터를 가져오는 것이다. 그리고 그 데이터가 일정량 이상 모이면 돈이 된다. 그 데이터를 마구 사들이는 더 큰 기업은 이 데이터를 기반으로 더 큰 꿈을 꾼다. 그리고 그 꿈의 크기가 돈이 되고 있는 세상이다.

　피카소의 입체주의는 미술을 떠나 건축에도 많은 영향을 주었다. 이런 관점은 주식, 창업의 영역을 떠나 또 다른 곳으로 전이되지 않을까 생각한다.

루벤스

·································

미술도 분업이 된다고?

바로크 양식의 거장인 루벤스는 가톨릭 신자로 플랑드르 화파에 속한다. 루벤스는 다른 화가와 달리 많은 제자들을 거느리고 있었고 이 덕분에 미술을 분업화할 수 있었다. 루벤스가 이런 선택을 하게 된 계기는 왕실과 귀족의 후원을 받던 기존의 생존방식에서 상업자본주의인 중상주의 시대를 살았던 것에서 찾을 수 있다. 중산층들이 생겨났고 그들의 수요가 확대되었기 때문이다.

원래 미술 시장의 시작은 15세기 벨기에의 한 시장에서 출발한 것으로 알려져 있다. 성당의 건축비를 마련하기 위해서 만들어진 시장은 연2회 6주간 열렸다. 여기에서 그림, 조각 등의 예술품이 팔렸다. 이렇게 미술시장이 커지며 중상주의가 발전한 네덜란드의 미술시장은 연간 7만점 가량의 큰 규모를 갖추게 되었다. 참고로 네덜란드에서 주식회사가 생겼고, 세계 최초의 증권거래소가 생겼다. 돈이 있는 곳으로 예술이 모인다는 것은 역사적인 사실이다. 그래서 예술과 돈이야기는 연결된다. 돈이 있는 곳에 후원자가 있고, 수요가 있다. 화가는 그곳으로 가서 자신의 가치를 인정 받게 된다. 당연히 가장 경제가 발전한 도시에 최고의 미술시장이 존재하게 된다.

이러한 배경에서 사업가형 화가인 루벤스가 탄생하게 된 것이다. 귀족들 연봉의 3배 수준의 소득을 벌어들이는 대형 예술가의 탄생이다. 〈십자가에서 내려지는 그리스도〉는 『플란다스의 개』의 주인공인 가난한 소년 네로가 보고 싶어했던 그림으로도 유명하다. 사선방향으로 흘러내리는 수의는 보는 이의 시선도 사선으로 흐르게 한다.

〈저주받은 이들의 몰락〉은 1959년 염산테러로 인해 영구적 손상을 받을 것이라 생각했는데 기가 막히게 복원을 해서 현재도 볼 수 있다. 이렇게 완벽한 복구가 가능했던 것은 대영미술관에 루벤스의 스케치가 있었기 때문이었다.

스케치가 남아 있을 수 있었던 것은 루벤스는 혼자서 그리는 화가가 아니라 100여 명의 조수와 제자들을 데리고 함께 그렸기 때문이다. 작업의뢰를 받으면 스케치를 다양하게 그려보고 완성을 하고, 제자들에게 채색에 대한 처방을 내렸다.

중요한 것은 그가 직접 그림을 다 그리지 않았다는 것을 후원자들이 알면서도 부탁했다는 것이다. 루벤스가 직접 그리길 원했을 텐데 그는 그림을 수주받아 제자들과 함께 그렸기 때문에 후원자들 입장에서는 루벤스의 온전한 작품이라고 보기 어려울 수도 있었을 것이다.

하지만 이런 후원자들의 의심을 불식시키기 위해 루벤스는 후원자들을 자신의 작업실로 초대했다. 본인이 직접 100% 스케치를 하고 제자들에게 채색을 처방내리고 제자들은 그 처방대로 그림을 그리며 완성해나가는 것을 보여주고 나면 후원자들은 신뢰를 하고 그림을 맡겼다.

지금은 만화도, 그림도, 기획도 이런 형태를 띄고 있지만 이 일의 시작은 루벤스였다는 점이 주목할 만하다.

이런 일이 가능한 것은 루벤스는 시스템화, 고객과의 신뢰, 조직운용 능력이 뛰어나고 시장 상황을 적절히 판단하고 있었기 때문이다. 루벤스만이 할 수 있었다고 생각하는 작품이 파리 루브르박물관 리슐리 외관 18번방에 있는 〈마리 드 메디치의 생애〉라는 작품이다.

스토리 형식으로 24개의 작품이 연이어져 있는데 이를 주문한 사람은 마리 드 메디치로 이름에서 알 수 있듯 메디치 가문 출신이다. 앙리 4세의 부인이자 루이 13세의 어머니로도 알려져 있다. 프랑스의 왕이 피렌체의 메디치 가문과 결혼하게 된 계기는 빚 때문이었다. 앙리 4세는 재혼을 하며 메디치 가문으로부터 15만 파운드의 지참금을 받았다. 이후에 마리 드 메디치는 섭정을 하다가 아들인 루이 13세와 권력을 다투는데 결국 실패로 끝났고, 자신의 영광스러운 시절을 남기기 위해 루벤스에게 그림을 주문했던 것이다. 그림은 후원자의 의도가 담기게 마련인데 24개의 그림을 보면 그녀의 현재의 상처와 반대되게 과거를 최대한 아름답게 그렸고, 과장스럽게 그렸다.

루벤스는 후원자의 마음을 읽고 배려한 그림을 그렸다. 사업은 고객의 마음을 먼저 읽고 그에 맞는 상품을 내놓는 사람이 성공한다.

스타벅스는 여느 카페들과 다르다는 점을 쉽게 알 수 있다. 유독 기호에 맞게 이것을 넣고 저것을 빼달라는 주문이 많은데 바리스타들은 이에 맞게 척척 만들어 준다. 그리고 계절에 맞게 꾸준히 신메뉴를 만들어 놓고, 좀 더 고급스러운 제품을 찾는 고객들을 위해 프리미엄 브랜드인 '리저브(R)'을 내놓는다.

그리고 지점마다 맛이 달라지는 일이 없도록 하기 위해 직영으로 운영하고 직원교육에 더 신경을 쓴다. 전 세계 어느 스타벅스를 가든지 본사가 처방한 맛과 메뉴를 그대로 느낄 수가 있다. 스타벅스의 매출은 2020년 26조원이다. 아무리 뛰어난 바리스타도 개인 카페를 차려서는 이런 매출을 올릴 수 없다. 루벤스가 바리스타였다면 스타벅스를 만들어냈을 것이다.

스타벅스는 뛰어난 품질과 브랜드 관리로 지속적으로 성장하고 있고, 고객의 충성도가 높다. 그리고 커피를 마시는 사람이 늘어날수록 커피에 대한 취향이 까다로워지고 있다. 프랜차이즈로서 고객들의 취향을 먼저 파악하고 맞춰줌으로써 지속적인 성장이 가능하다고 본다. 주가가 이를 말해주고 있는데 최근 5년간 45달러에서 100달러로 2배 이상 상승했다.

루벤스와 스타벅스가 다른 점은 루벤스는 사람이라 수명이 정해져 있었다는 것이고 스타벅스는 회사라서 수명이 정해지지 않았다는 것이다. 투자자에게는 루벤스보다 스타벅스가 더 매력적인 이유다.

라파엘로

틈새전략으로 피렌체를 흔들다

예술의 황금기는 르네상스 시대라고 할 수 있다. 르네상스 시대의 천재 화가 3명을 꼽으라면 미켈란젤로, 레오나르도 다빈치, 라파엘로 인데 이들의 삶과 전략이 서로 달랐기에 르네상스 예술이 더 화려해 진 것이 아닐까 생각해본다.

미켈란젤로와 다빈치보다 후발주자로 진입했던 라파엘로는 예술 적으로도 천재지만 인생과 사업에 있어서도 천재였다는 것을 알 수 있다. 라파엘로의 풀네임은 '라파엘로 산초 다 우르비노'이다. 뒤의 우르비노는 자신의 고향을 뜻한다. 피렌체와 베니스를 예술의 도시 라고 떠올리지만 우르비노도 만만치 않은 예술과 문화의 도시였다. 라파엘로는 이곳에서 최고의 궁정화가로 인정받은 뒤 피렌체로 입성 한다.

피렌체에 입성해서는 르네상스 시대의 거장이자 유화미술의 대가 인 피에트로 페루지노 조수로 들어가서 일을 한다. 라파엘로는 자신의 실력을 더 다진다. 그리고 이내 스승을 뛰어넘는다. 교황 율리오 2세가 스승에게 맡기려고 했던 일을 라파엘로에게 맡긴다. 그 프로젝트가 '바티칸 보르고 화재의 방'이다. 〈아테네 학당〉이라는 명작이 이곳에 있다.

라파엘로는 로마에 도착해 교황의 프로젝트를 맡은 예술가로서 르네상스의 천재들과 경쟁하게 된다. 그 때 나이 25세였다. 강력한 라이벌이자 대가인 미켈란젤로가 시스티나 성당 천장화를 그리고 있었다. 나이도 어린 꽃미남에 화풍도 자신과 비슷하다고 느낀 미켈란젤로는 라파엘로에 대해 많은 질투를 했다. 라파엘로는 이 라이벌과의 관계를 용의주도하게 정리했는데 마침 미켈란젤로가 그린 시스티나 천장화를 보고 감동을 받기도 했던 까닭에, 자신의 작품인 〈아테네 학당〉에 추가로 미켈란젤로를 그려 넣은 것이다. 그것도 가장 가운데에 철학자 헤라클레이토스로 표현을 했다. 그리고 본인의 얼굴은 아치형 기둥 옆에 검은 모자를 쓴 인물로 작게 표현했다. 상대의 재능을 높게 평가하고 자신은 낮추면서 후발주자로서의 처신을 보여줬다고 본다.

같은 시대, 같은 공간에서 일했기 때문에 미켈란젤로와 라파엘로는 많이 비교가 된다. 미켈란젤로는 혼자서 일을 했고 라파엘로는 스튜디오를 만들어 집단으로 일을 했다. 자신의 밑에 50명의 조수를 두었고 이들을 체계적으로 교육시켜 바티칸 프로젝트에 투입했다. 1명이 그리는 속도와 50명이 그리는 속도는 다르고 바티칸 성당에서 라파엘로의 일감이 더 많아질 수밖에 없었다. 규모를 갖추고 나면 품질이 문제가 될 수 있는데 라파엘로는 팀장의 역할을 충실히 수행했다. 표준을 정하고 그대로 그림을 그릴 수 있게 기초를 만들었고 관리감독을 하면서 제대로 그려졌는지 확인을 했다. 미켈란젤로가 장인이 직접 요리하는 식당이라면 라파엘로는 호텔 레스토랑 총괄셰프의 역할을 했다고 볼 수 있다.

라파엘로가 거장이 되기에는 르네상스라는 시대는 장점이자 단점이었다. 예술의 꽃을 피우기도 좋은 환경이었지만, 레오나르도 다빈치와 미켈란젤로라는 거대한 꽃이 버티고 있었기 때문에 비집고 들어갈 틈이 없었다. 피렌체에 입성했을 무렵 22세였는데 레오나르도 다빈치는 53세, 미켈란젤로는 30세였다. 그래서 전설들 속에서 살아남기 위해 쓴 전략이 '스펀지 전략'이다. 거장들의 장점과 최신 미술 기법을 흡수하며 빠르게 성장하는 쪽을 택했다.

다빈치의 은은한 채색기법과 명암법, 미켈란젤로의 엄숙함, 긴장감과 활력을 주는 인물 데생을 자신의 것으로 스펀지처럼 빨아 들였다. 그리고 이를 융합해 완벽한 아름다움을 추구하는 화가로 태어났다.

라파엘로는 그림 실력 외에도 성공할 수밖에 없는 강점을 가지고 있었다. 잘생긴 외모와 대인관계 능력이다. 좋은 성격과 뛰어난 외모로 많은 여성들에게 인기가 있었고, 예의바른 성격으로 상류층들과 지속적인 만남을 이어갔다. 그 과정에서 일의 주문이 대폭 늘어났지만 이를 적절하고 유연하게 처리해 더 많은 고객들을 응대할 수 있었다. 당연히 고객이 늘어나는 만큼 화가로서의 위상도 올라갔다.

하지만 여성편력이 심했다. 성병으로 인해 사망을 했다는 설과 여성을 만나러 추운 밤에 밖에 나가느라 폐질환으로 사망했다는 설이 돌 정도로 많은 스캔들이 있었다. 그래도 그림에서는 사랑했던 사람을 한 명만 그렸다. 제빵사의 딸 마르게리타인데 첫눈에 반해 모델이 되어달라고 부탁을 했고 이후 연인 관계로 발전했다. 그녀에 대한 사랑이 남달랐다는 것은 그의 작품에서 그녀가 자주 등장했기 때문이다.

〈아테네학당〉에서는 최초의 여성 수학자 히파티아에 그녀의 얼굴을 그렸다. 하지만 사랑했어도 결혼을 할 수는 없었는데 추기경 조카딸과 약혼을 한 사이였기 때문이다. 관계를 중요시 여기는 라파엘로는 약혼을 깨지 않기 위해 평생 결혼을 하지 않고 마르게리타와 동거하며 산다. 예술가이자 사업가인 자신의 명성을 유지하기 위한 선택이었을 것이라 추측된다.

미래의 먹거리를 선점한 글로벌 기업들 사이에서 후발주자로 비집고 들어가 사업을 꿰찬 기업들을 보면 라파엘로가 떠오른다. 새로운 분야를 개척하고 사업을 확장해서 자리를 잡으려면 수많은 실패와 비용 소모가 따른다. 하지만 후발주자는 이러한 실패와 비용 소모를 줄이고 효율적으로 들어갈 수 있다. 선두업체들이 가진 장점을 살리고 단점을 극복하면 빠르게 따라잡을 수 있기 때문이다. 이런 스펀지 전략을 쓴 대표적인 그룹이 SK라고 생각한다.

SK의 역사는 창업의 역사라기보다 인수의 역사라고 일컫는다. 다른 그룹들은 고생해서 사업을 일구고 키워 지금의 자리를 잡았는데 SK는 인수를 잘해서 지금의 자리에 올랐다는 평을 듣는다. 하지만 인수를 잘못해서 해체된 그룹이 수도 없이 많은데 인수하는 기업들마다 대박이 나서 지금의 사세를 키운 SK는 단지 운이 좋았다고 할 수 있는 걸까?

실제로 들여다보면 SK는 미래의 먹거리를 보는 눈이 밝았고, 인수 후에 단점을 해결하고 장점을 살리는 능력이 뛰어났다. 그래서 인수한 기업마다 성공을 한 것이라고 결론지을 수 있다.

1953년에 선경직물로 시작해서 1980년대초 대한석유공사(SK이노베이션)를 인수하고 1994년에는 한국이동통신(SK텔레콤), 2012년에는 하이닉스(SK하이닉스)를 인수한다. 2015년에 OCI머티리얼즈(SK머티리얼즈), 2020년에는 인텔의 낸드사업부를 인수한다.

인수하는 특징을 보면 미래 먹거리가 될 업종의 기업들이 빛을 보기 전에 인수하는 투자자 전략을 썼다는 것이다. 1, 2차 오일쇼크로 석유업체가 힘들었을 때, 앞으로 석유산업의 미래를 보고 인수하고 휴대폰, 인터넷 사업이 시작되기 전에 통신회사를 인수, 반도체 슈퍼사이클이 오기 전에 반도체 회사를 인수하는 등 좋은 기업을 가장 어려운 시기에 사는 전략을 취했다. 위기가 왔던 다른 그룹들을 보면 그 업종이 가장 좋은 시기인 고점에 빚을 내서 샀다가 불황에 울며 겨자먹기로 파는 경우가 많은데 SK는 투자 타이밍이 기가 막히다고 할 수 있다. 이런 방식으로 다른 그룹들이 온갖 고생을 해가며 사업의 파이를 키워 놓으면 SK는 인수라는 전략으로 열매를 거둬간다. SK가 현재 주력으로 가지고 있는 업종들을 보면 2차전지, 통신, 반도체, 오픈마켓, 바이오 등이다. 미래 먹거리 업종들을 가장 많이 보유한 그룹이기도 하다.

한편, 관계를 통해 사업의 영역을 넓히는 기업도 있다. 호텔에서 면세점으로 영역을 넓힌 호텔신라가 대표적이다. 에르메스, 그라프, 루이비통 등의 국내 1호 매장은 백화점이 아닌 호텔신라에 입점해 있다. 호텔이 면세점, 백화점을 제치고 최고의 명품들을 모셔온 것이다.

이 효과는 상당히 컸다. 명품과 호텔이라는 조합을 통해 럭셔리 호텔 이미지를 구축하고 면세점 사업의 교두보를 열었다. 이 중심에는 이부진 사장이 있었다. 선하고 바른 이미지와 호감가는 외모, 그리고 비즈니스 관계 능력이 뛰어난 것이다. 그래서 호텔신라를 해외로 진출할 수 있게 만들었다고 평한다. 2001년 기획부장으로 입사해서 2010년 사장으로 올랐는데 이 시기에 면세점 사업이 본격화되었다. 2008년에 인천공항, 2013년 싱가포르 창이공항, 2014년 마카오공항, 2017년 홍콩공항에 입점하며 글로벌 면세점 기업으로 변신했다.

이 과정에서 2015년 매출 3.2조였던 기업이 2019년 매출 5.7조로 성장했고 같은 기간 순이익은 185억원에서 1,697억원으로 9배 가량 올랐다.

르네상스 시절에도 그림, 조각, 명품에 대한 수요는 끊이지 않았다. 인간의 본능을 자극하기 때문이다. 실제 코로나 상황에서도 명품에 대한 수요는 증가하고 있기 때문에 호텔신라는 새로운 성장이 가능한 기업으로 예상된다. SK의 관점으로 보면 면세점을 가진 호텔신라는 지금 인수를 해보고 싶은 기업일 것이다.

안나 카레니나

정체성의 혼란이 만든 비극

운 좋게 기회가 있어 비싼 뮤지컬을 관람한 일이 있었다. 그 유명한 〈안나 카레니나〉를 책 한 번 읽지 않고 배경지식도 없이 뮤지컬부터 봤다. 무슨 뜻인지 이해를 못하고 그냥 나와서 괜히 비싼 돈을 날렸다고 생각했는데 당시의 러시아와 톨스토이의 철학을 이해하고 다시 봤다면 큰 감동을 받았을 것이다.

우선 이 소설에 나오는 인물구조도를 이해할 필요가 있다. 부부인 알렉세이와 안나, 키티를 사랑하는 레빈, 키티가 사랑하는 브론스키가 기본 구조다. 기본적으로 짝사랑과 짝사랑이 이어져서 러브스토리가 꼬이는 관계를 가지고 있다. 그리고 브론스키는 러시아 기병대로 명문가 도련님이라고 할 수 있다. 당시에 말을 탈 수 있는 사람은 귀족을 뜻했기 때문에 모든 것이 완벽한 남자라고 지칭할 수 있다.

그런 브론스키는 안나를 사랑하고, 안나는 남편과 아들을 버리고 브론스키와 떠나 산다. 이후 안나는 브론스키의 사랑을 의심하다가

자살로 삶을 마감하고, 키티는 자신을 짝사랑한 레빈과 결혼하고 농촌에 정착하며 산다.

주말 드라마에 나올 법한 흔한 등장인물들이지만 하나하나 톨스토이의 의도가 담겨 있다. 이 의도를 이해하면 이 소설은 엄청난 명작으로 다가온다.

안나 부부는 상트페테르부르크에서 모스크바로 이사를 온다. 이는 개방적인 도시에서 보수적인 도시로 이사를 온 것과 같다. 베트남을 예로 들면 호치민에 살다가 하노이로 이사를 간 느낌이라고 보면 약간 비슷하다.

배경지식을 이야기하면 러시아의 슬픈 역사로부터 시작된다. 타타르의 멍에라고 불리며 200여 년을 몽골인들에게 지배 당하다가 15세기말에 모스크바를 중심으로 몽골의 지배를 벗어나게 된다. 모스크바가 수도가 된 이유는 모스크바강, 볼가강을 잇는 수로의 요충지로 이 강들을 통해서 발트해, 백해, 흑해, 카스피해, 아조프해로 이어진다. 즉, 농사와 군사의 중심지라고 볼 수 있다. 여느 유럽이 그랬듯 아직은 농업이 중심인 사회였고 그 당시의 수도는 모스크바로 상징이 된다.

이후 표트르 대제가 1696년 즉위한다. 표트르 대제는 러시아를 개혁(정부, 군대, 산업, 교육, 문화, 종교, 음식)한 인물로도 유명하다. 당시 사절단 250명을 데리고 서유럽 여행을 다니며 문명을 배우고 돌아온 뒤 귀족들 수염을 제거하고 수염세를 거뒀다. 발치술도 배워서 썩은 이를 뽑았다고 전해진다. 그만큼 서유럽을 모방하려고 했고, 동경했다.

서유럽처럼 성공하려면 해양으로의 진출이 필수라고 생각했고 이를 위해 북방세력인 스웨덴과 싸워야 했다. 당시 유럽은 용병제로 군대를 조직하고, 스웨덴은 징병제로 군대를 조직했다. 표트르 대제의 기병은 스웨덴의 총, 포병에 대패를 하고 돌아갔다.

그 후 군대 근대화 정책을 펼쳐 징병으로 많은 수의 병력을 모으고, 교회 종을 녹여 대포 300문을 만들어 신식군대 조직에 성공한다.

그리고 연안의 늪지대를 돌로 쌓아 도시요새를 건축했다. 그 과정에 많은 백성이 죽었다. 그렇게 만들어진 곳이 발트해에 있는 상트페테르부르크라는 도시다. 여기가 새로운 수도가 된다. 상트페테르부르크는 해양도시로 서유럽으로의 진출이 유리하다. 해양으로 나간다는 것은 이제 농업이 아니라 상업을 중시한다는 것을 의미하기도 한다.

이후 러시아는 스웨덴을 격파하고 발트해 인근 핀란드, 에스토니아, 라트비아를 손에 넣는다. 그런 의미에서 안나가 모스크바로 이사를 왔다는 것 자체가 이미 소설의 갈등을 시작하는 복선을 암시한다.

이후 1756년부터 1763년 유럽 열강들의 7년 전쟁이 펼쳐지며 유럽 전역이 전쟁으로 들끓었다. 식민지 확대가 원인이었는데 이 때를 기점으로 프랑스는 북아메리카와 인도 등 많은 식민지를 잃었다. 자금줄이 끊긴 상태에서 계속 사치스러운 생활을 하고, 미국의 독립전쟁을 돕다가 국고가 탕진되고 혁명까지 일어난다. 프랑스 혁명은 온 유럽을 흔들었던 사건이었다. 안나 또한 남편과 연인 사이에서 혼란스러워 했고, 이는 당시의 유럽상을 대변하고 있다고도 볼 수 있다.

황제 표트르 3세와 아내 예카테리나 2세는 독일 출생으로 표트르 3세는 독일을 동경했고 종교도 개신교를 고집한 탓에 러시아 귀족들의 마음을 사지 못했다. 황제가 덴마크와 전쟁을 하기 위해 상트페테르부르크를 비운 사이 친러시아 노선을 걷던 아내 예카테리나 2세가 1762년 반란으로 즉위한다. 이후 표트르 3세는 체포 후 사망한다.

예카테리나 2세는 계몽군주를 꿈꾸었다. 독일인임에도 프랑스를 동경했는데 러시아 궁정 공식언어가 프랑스어일 정도로 프랑스 문화를 많이 받아들였다. 독일 귀족의 딸이 러시아 황제가 되어 프랑스를 동경하다니 존재부터 정체성의 혼란이 느껴진다. 이 예카테리나 2세가 안나 카레니나가 상징하는 인물이 아닐까 싶다.

동양의 사상으로는 이해하기 힘든 것들이 서양에 종종 있는데 예카테리나 2세도 몇 년마다 정부를 바꾸기로도 유명했다. 당시에 정략으로 결혼을 했던 왕실과 귀족들은 각자의 애인이 있는 경우가 더 많았다. 무도회가 있었고, 사랑이 있었다. 이곳에서만큼은 사랑하는 사람과 춤을 출 수 있었고 대화를 할 수 있었다. 귀족들의 유일한 탈출구인 셈이었다. 그래서 톨스토이는 무도회에서 안나와 브론스키를 만나게 했다. 브론스키는 지속적으로 구애했고 안나는 흔들렸고 남편과 아들을 버리고 브론스키와 떠났다. 개방적인 도시에 살던 귀족이 억압과 자유가 없는 삶 속에서 사랑과 자유를 만나 떠났다고 해석하면 좋겠다.

　1773년 푸가초프라는 농민의 반란이 꽤 크게 벌어졌지만 진압되었고 이후 농민의 의무는 늘어났고 귀족의 권리는 더 강해졌다. 어느 정도였냐면 국유지를 귀족에게 하사하면 그 지역 자영농은 농노로 신분 하락을 겪어야 했다. 상업이 떠오르는 시대에서 농업은 소외당했고, 러시아의 대부분의 땅과 사람을 차지하는 농민은 버려졌다.

　톨스토이는 문학으로 이를 비꼬았다. 레빈은 귀족을 증오하며 농사를 짓겠다고 떠났고 키티는 이후 사랑을 깨닫고 레빈을 만나 결혼하며 행복하게 산다. 그 배경은 농촌이었다. 즉, 톨스토이는 소설에서 농민이 결국 승리한다라는 메시지를 심은 것이다. 바로 농민적 무정부주의, 악에 대한 무저항정신으로 일컫는 톨스토이즘이다. 톨스토이의 『전쟁과 평화』라는 작품에서도 톨스토이즘은 이어지며 농민에 대한 애정이 담겨 있다.

　톨스토이는 직접 농사를 짓고 금주와 금연을 하고 빈민 구제활동을 펼쳤다. 톨스토이도 『안나 카레니나』 집필을 마무리할 때쯤 삶의 의미에 대한 번민과 회의가 심해지면서 정신적 고통을 앓고 있던 시기였다. 그래서인지 소설의 마지막과 자신의 인생 마지막의 결론을 톨스토이즘으로 방점을 찍은 것이라 본다.

　톨스토이는 당시 러시아정교를 비판하고 원시 기독교로 돌아가기를 주장했고, 사유재산제도를 비판하고 공동경작, 공동배분을 강조했다. 이런 공동집단은 러시아에서 이미 존재하고 있었다. 코사크라고 불리는 러시아 변경지역에 거주하는 카자흐족 농민집단은 스스로 살아남기 위해 군대를 조직했고 러시아도 변경지대라 자치권을 주며 국경을 지키도록 했다. 코사크들은 느슨한 권력구조를 가졌고 토지 공유제, 자급자족적 경제공동체를 유지했다. 모든 구성원은 평등해서 누구나 의견을 낼 수 있었고 족장이 제 역할을 못하면 자리를 내놓아야 했다.

이 코사크 기병대가 시베리아를 넘어 동쪽으로 러시아의 영토를 넓혔고, 나폴레옹의 군대를 막아내었다. 이들이 러시아에서 차지하는 인구 비중은 적지만 러시아 역사에서 차지하는 비중은 상당히 크다. 톨스토이즘은 코사크에 기반을 두었을 것이라 생각한다.

간디는 이 톨스토이즘을 동경해 톨스토이가 사망한 해에 남아공에 톨스토이농원을 짓고 톨스토이 정신을 이어 공동체 마을을 만들었다. 여러 사람이 몰려들었고 자급자족을 하며 살았지만 농장은 실패했다. 돈을 벌지 않으니 돈을 쓰지 않았고 경제가 유지될 수가 없어 한계점에 부딪혔을 것이다.

행복은 멀리 있지 않다. 안나는 밖에서 행복을 찾으려고 했지만 키티는 자신만 바라봐주는 사람에게서 행복을 찾았다. 행복이 밖에 있지 않고 안에 있듯이 부도 멀리 있지 않다. 우리는 미디어에서 보여지는 엄청난 부자들을 꿈꾼다. 하지만 그런 사람들은 대한민국 국민의 0.1%이다. 1,000명 중에 1명의 삶을 동경하며 지금의 나를 불행으로 몰지 않았으면 좋겠다.

　　　　　　　　2장 예술에서 영감을 받은 투자 아이디어

부라는 것은 절대적이지 않고 상대적이다. 모두가 가난할 때는 밥을 굶지 않는 것이 부자의 기준이었고, 집이 있는 것이 부자였다. 이후에는 아파트에 살면 부자라고 불렀고 외제차가 있는 집을 부자라고 불렀다. 하지만 이제는 이들을 부자라고 부르지 않는다.

우리의 절대적인 삶의 수준은 상승하고 있지만 우리는 남과 비교해서 우월해야 부자라고 생각을 한다. 공부도, 결혼도, 자녀도, 재산도 모두 남과 비교해서 많아야 안심을 하는데 이런 게임에서는 항상 불행할 수밖에 없다.

톨스토이는 이런 사유재산 때문에 불행이 온다고 생각했을 것이다. 공동으로 경작하고 공동으로 배분하면 불행이 사라지고 이상적인 마을이 될 것이라고 생각했다. 조선 후기의 정약용 또한 이런 문제를 깨닫고 공동경작 개념의 여전제와 정전제를 주장했다. 하지만 어떠한 국가도 어떠한 정책도 이런 문제를 해결하지 못했다. 부와 가난은 밖에 있지 않고 마음이 만드는 것이기 때문이다. 국가도 인간의 마음까지는 조절할 수 없다.

소설 『안나 카레니나』는 시대적 혼란기를 인간관계로 표현한 작품이다. 우리의 투자도 그렇다. 영원한 공식이 존재하지 않는다. 유망한 투자도 시간이 지나면 낡아빠진 기술이 된다. 그래서 기존의 방법으로 돈을 벌던 사람들이 이후에는 적응하지 못하고 투자를 멈추게 된다.

가치투자는 러시아의 모스크바를 닮았고 성장투자는 상트페테르부르크를 닮았다. 시대의 변화를 빠르게 캐치하고 러시아를 개혁시킨 표트르 대제는 지금의 러시아가 스스로 나라를 지켜낼 수 있게 했다. 그렇지 않았으면 러시아는 서유럽처럼 강대국으로 전환하지 못하고 나폴레옹, 히틀러에게 무너졌을 것이다.

투자자도 기존의 투자법을 버리고 전환을 해야 한다. 지금의 투자법이 먹히지 않으면 문제를 느껴야 한다. 그리고 투자의 흐름이 어떻게 변하고 있는지 읽어야 한다. 유럽의 투자가 앙드레 코스톨라니가 말한 달걀모형으로 보면 금리 상승기에는 부동산을 팔고 주식을 사야 한다. 그런데 그 말대로 한국에서 투자했다가는 손해를 볼 수도 있다. 한국에서는 금리가 오르는 시기에 주식도 오르지만 부동산도 오른다. 코스톨라니 시대에는 맞는 말일 수도 있겠지만 지금의 시대에는 경제학 법칙도 바뀐다. 환율이 내리면 수출이 불리해지고 증시가 하락한다고 말하지만 역설적이게도 환율이 낮았던 시기가 증시가 가장 좋았던 시기였다. 투자법은 교과서가 없다. 오래된 경험도 정답이 아니다. 이는 역사가 증명하고 있고 우리의 계좌 잔고가 증명하고 있다.

샤넬

예술을 콜라보하라

샤넬 하면 모두가 명품이라고 생각하지만 샤넬의 탄생은 로얄, 즉 왕실과는 거리가 멀었다. 루이비통, 까르띠에, 에르메스처럼 왕실에 들어가는 제품을 만들고 왕실이라는 후광으로부터 명품으로 탄생하는 과정을 거치지 않은 브랜드가 샤넬이다.

가브리엘 샤넬은 왕실과 반대의 삶을 살았다. 보육원에서 자랐고 술집에서 노래를 불렀다. 이후에 에티엔 발장의 정부가 되고 사교파티에서 직접 옷과 모자를 만들어 입었다. 이후 모자 가게를 열었고 영국 사업가의 정부가 되었다. 이후에는 독일장교와 교제하면서 프랑스 스파이 혐의에 몰렸고, 2차대전이 끝난 이후에도 망명생활을 했다. 그녀의 파란만장한 삶이 곧 브랜드였다. 처음에는 과한 장식이 주류를 이룰 때, 심플한 디자인으로 주목을 받았고 화려하고 불편한 코르셋이 있는 드레스 대신 실용적이고 활동적인 드레스로 주목을 받았다. 검은 드레스, 무릎이 드러나는 스커트 등 다양한 혁신과 성장을 거치며 왕실의 후광없이 스스로가 지금의 명품 브랜드가 되었다.

샤넬의 전략 중에 인상 깊었던 것이 두 가지 있다. 하나는 콜라보 전략이다. 샤넬은 예술에 많은 후원을 했다. 예술가들을 모아 콜라보 공연을 하는 등 프랑스 예술에 많은 지원을 했다. 지금은 기업들이 예술후원이나 콜라보를 흔히 하지만 당시에는 샤넬이 처음이라고 볼 수 있다.

예술은 부의 상징이다. 부가 몰리는 곳에 예술이 번영한다. 즉, 예술은 부자들의 전유물이라는 관념이 있었고 예술이라는 고급 이미지를 브랜드에 얹을 수가 있었다. 실제로 우리는 비싼 가격을 지불하면서라도 오페라를 보려고 하고, 연주회를 듣고 미술품을 구입한다. 이런 지불능력이 있는 사람들이 주로 명품을 구입한다. 예술로 부자들을 모으고 샤넬을 홍보한다. 굉장히 효과적인 전략이다.

샤넬의 두 번째 전략은 짝퉁이라고 불리는 모조품들을 일정기간 방치한 것이다. 유럽의 명품 브랜드들이 인기를 끌자 미국에서는 모조품이 유행했다. 이후에는 일본으로 넘어가 아시아에서도 모조품이 유행했다. 다른 명품들은 브랜드 관리를 위해서 이를 강하게 통제했는데 샤넬은 느슨하게 방치하다가 이후에 통제했다.

이 전략이 신의 한수가 되었는데 모조품들이 널리 유행하면서 오히려 샤넬이라는 브랜드가 전 세계로 널리 퍼지게 되는 계기가 된 것이다. 이것이 보험이 되어, 2차대전 이후 샤넬이 스파이로 의심을 사며 프랑스에서 인기가 급락했음에도 영국과 미국에서의 인기 덕에 다시 재기할 수 있었다.

커리어우먼은 샤넬 이후 계속 증가추세였기 때문에 실용적인 착용감을 주는 샤넬의 제품들은 대중에게 환영받을 수밖에 없었다. 이후에 칼 라거펠트가 다시 한 번 샤넬을 살려놓아 지금의 입지를 다지게 했다.

샤넬의 스토리는 곧 브랜드가 된다. 최근에 많은 기업들이 브랜드를 구축하기 위해 다양한 노력을 한다. 브랜드가 있는 제품은 더 높은 가격을 받을 수가 있고 경쟁사의 가격 경쟁에서 자유로워진다. 특히 의류, 화장품, 귀금속 계열은 브랜드가 곧 가격이 된다. 브랜드를 키우기 위해 예술에 많은 돈을 후원한다. 파리의 노트르담 대성당에 화재가 났을 때 하룻밤만에 1조원이 넘는 기부금이 모였다. 특히 루이비통, 디올을 보유한 LVMH이 1억유로(약 1,300억원)을 기부하자 구찌, 입생로랑, 보테가 베네타를 보유한 케링그룹은 2억유로(약 2,600억원)을 내며 경쟁을 보였다. 파리라는 패션과 예술의 도시에서 본인의 그룹이 맹주라는 것을 보여주려는 모습이었다. 실제로 두 그룹은 미국에 주식을 상장하지 않고 프랑스에 상장했다. 유럽의 명품이라는 자존심이 미국 상장을 허락하지 않은 것이다. 세상의 돈은 미국으로 많이 넘어갔지만 예술에서만큼의 자존심은 유럽에 남아있다.

이런 브랜드의 가치를 이해한다면 돈을 쏟아 붓지 않고도 브랜드 가치를 늘려나가는 기업은 꽤 매력적이라는 것을 알 수 있다. 특히, 창업주의 성장 스토리 자체가 브랜드가 된다면 특별한 돈을 투입하지 않고도 사람들의 사랑을 받을 수 있기에 효율적인 투자가 된다.

대전의 '성심당'은 오랜 역사와 전통을 바탕으로 지역을 대표하는 빵집이 되었다. 대전 최고의 관광지가 성심당이라고 해도 틀린 말은 아니다. 대전에 오면 성심당에 들른다. 이러한 브랜드는 곧 돈이 된다. 지역 빵집이라고 생각하기 힘들 정도로 연 매출 500억을 넘는 곳이 되었다. 뚜레쥬르 전국 매출이 4,000억 수준인 것을 고려하면 단일 빵집으로는 엄청난 실적을 보여준다. 성심당은 브랜드 관리를 위해 따로 홍보를 크게 하지 않아도 된다. 연극과 콜라보를 하며 예술을 후원하고 지역사회를 위해 지갑을 열고 있지만 대기업처럼 큰 비용이 들지 않는다.

개인의 역량이 패션브랜드가 되고 이후 패션몰을 로레알에 6천억에 매각하며 부자가 된 김소희 대표의 이야기도 하나의 성공신화다. 최근은 SNS를 통해 유명해지고 명성을 활용해 자신의 의류브랜드를 론칭하거나 판매 해서 부를 축적하는 사람들이 늘어나고 있다.

같은 물건이어도 개인의 스토리를 가진 저 사람이 입은 것, 저 사람이 파는 것을 갖고 싶다는 사람들이 늘었고 이제 기업은 스토리라는 브랜드 없이 물건을 팔기가 어려워졌다.

콜라보도 브랜드를 젊게 만들어 주며 밀레니얼 세대의 지갑을 열고 있다. 최근에 구찌도 디즈니와 콜라보를 하거나 맥주와 카드사의 콜라보, 밀가루와 점퍼, 맥주의 콜라보, 루이비통과 NBA의 콜라보 등 서로 다른 영역에 있던 것들이 콜라보를 시도하면서 신선하고 참

신한 느낌을 주고 이를 통해 브랜드의 스토리를 만들어 간다.

기업은 이렇게 살아남기 위해 계속 브랜드를 만든다. 현대카드는 한남동에 무대를 만들어 정기적으로 공연을 하고 있고, CJ는 '비밥' 공연을 열며 전세계에 한식을 알리는데 앞장서고 있다. 실제로 CJ는 다양한 간편식을 전세계로 수출하고 있고, CGV를 외국에 확장했다. 공연과 음식의 콜라보이면서 그룹 또한 방송, 공연, 음식 계열사를 고루 갖추고 해외로 적극적인 진출을 하고 있다.

이런 이유에서인지 현대카드는 금융기관을 보유하고 있지 않은 카드사임에도 불구하고 2020년 3분기 카드사 순이익 4위를 차지했고, 코스피 상장을 준비하고 있다.

CJ의 경우 CGV는 코로나로 인해 어려워졌지만 CJ ENM, 스튜디오드래곤, 제일제당은 선방하고 있는 모습이다. 코로나 이후에는 전세계로 더 많이 뻗어나갈 수 있을 것이다.

구찌

다음 세대를 바라본 파격적인 디자인

명품을 좋아하지 않지만 딱 한 번 돈 주고 산 제품이 있다. 뱀이 그려진 구찌 지갑이다. 명품이라서 산 것이 아니라 쇠락하고 있는 구찌를 살린 디자인이 박힌 지갑을 보면서 항상 변화하고 시도해야겠다는 생각을 하기 위해서 샀다. 지갑은 매일 갖고 있기 때문에 지갑을 보면서 힘을 내기를 바라는 마음도 내심 담겨 있었다.

구찌라는 브랜드의 이야기는 꽤나 재미있다. 구찌는 연속된 위기를 기가 막히게 헤쳐 나가서 지금의 입지를 올린 기업이기 때문에 브랜드 이야기만으로도 사업가의 귀감이 된다. 왕자의 난으로 경영권이 흔들리고 브랜드가 흔들릴 때 크리에이티브 디렉터로 등장해 구찌를 살려낸 사람이 톰 포드다. 크리에이티브 디렉터는 제품 디자인뿐만 아니라 매장, 브랜드, 홍보 등 브랜드 전체를 총괄하는 디자이너의 개념으로 톰 포드 이후 다른 브랜드에서도 많이 등장한다.

당시 톰 포드 나이가 29세였는데 입생로랑은 21세에 수석디자이너가 됐다. 나이가 어리지만 수석 디자이너가 될 수 있는 이유를 앤트워프대학을 나온 분한테 물었는데 그 나이대에 감각이 절정에 오르기 때문이라는 답변을 들었다. 그때 기업을 살려낼 만큼 감각이 절정에 달한 디자이너를 나이라는 이유로 기회를 제한하는 것은 정말 동양적 사고라는 것을 깨달았다. 톰 포드는 섹슈얼 컨셉으로 승승장구하지만 이후에는 매출성장이 떨어지고 2004년에는 경영진과의 마찰로 회사를 떠나게 된다.

이후에 새로운 크리에이티브 디렉터로 액세서리 라인을 성공으로 이끈 프리다 지아니니가 등장하지만 잠시 매출을 올리는 듯싶다가 이후에 다시 하락세를 걷는다. 지아니니도 2014년에 매출 부진으로 은퇴를 하고 새로운 인물이 등장한다.

지금의 구찌를 전성기로 만든 알렉산드로 미켈레다. 2015년에 등장해 불과 2년만에 구찌의 이미지를 완전히 바꿔버린다. 이미지가 생명인 명품의 이미지를 바꾸는 것은 굉장한 도박이 될 수 있다. 미켈레는 미니멀리즘이 선도하던 때에 맥시멀리즘 스타일을 내세운다. 투자자로 치면 역발상 전략을 펼친다. 화려한 패턴과 색상은 촌스럽다는 느낌을 주던 시절에 위험한 시도를 했고, 결과는 대박이 났다. 구찌는 다시 회생해서 현재 매출 1위인 루이비통을 위협하는 수준이 되었다.

우리는 어떻게 구찌가 변신했는가를 봐야 한다. 우선 구찌의 전통적인 문양과 마크는 살려서 기존의 전통을 유지한다. 대신 주를 이루던 검정과 갈색 등의 무거운 색상을 버렸다. 명품이라고 하면 무거운 색을 가져가야 고급스럽다고 흔히들 생각한다. 블랙이라는 색의 의미가 권력과 지배를 암시하기 때문이다. 그러니 살구색, 선홍색, 붉은색 등의 화려한 색, 그리고 꽃, 나비, 뱀 무늬의 등장은 굉장히 파격적이다.

이런 파격은 지금의 밀레니얼세대에게 제대로 먹혔다. '힙하다'는 '구찌스럽다'는 대명사로 통용됐다. 기성세대와 차별화된 디자인은 밀레니얼 세대에게 자신만의 개성을 드러낼 수 있게 해주었고, 이 밀레니얼 세대들이 다시 기성세대가 될 때까지 구찌는 이들에게 사랑받을 것이다. 과감히 트렌드에 맞게 변신을 했기 때문에 구찌는 살아남았고 변신에 늦은 아르마니, 페라가모는 한물간 브랜드가 되었다.

그럼 우리는 어떤 투자를 해야할까? 그냥 구찌 주식을 사면 될까? 구찌는 이탈리아 브랜드지만 프랑스 주식으로 브랜드 그룹 Kering SA에 속해 있다. 루이비통이 속한 LVMH 그룹도 프랑스 주식이다. 두 주식 모두 5년 만에 주가가 3배로 올랐다. 연평균 33%의 상승을 보여주었다. 이 주식을 사는 것이 훌륭한 재테크 수단이기도 하지만 우리는 인문학 영감을 얻어 더 큰 부를 누리는 투자자가 되어야 한다. 구찌의 성공을 보고 단순히 구찌에 투자할 것이 아니라 제2의 구찌를 찾아야 하고, 내 인생을 구찌처럼 만들어야 한다.

다른 브랜드들인 기존의 주력세대를 볼 때, 구찌는 다음의 세대를 봤다. 한창 네이버와 다음이 인터넷 2파전을 벌이던 시절 나는 10대학생들을 관찰했다. 네이버 아이디로 이메일을 보내는 학생들은 대다수였던 반면 다음 아이디를 가진 학생은 거의 없었다. 그 이후에 네이버는 건재했고, 다음은 카카오와 합병 후 카카오의 일부로 흡수되었다.

시간이 지나자 PC의 시대에서 모바일의 시대로 넘어갔고 요새는 네이버 아이디를 가진 학생 비율이 현저히 줄었다. 대신 구글 아이디를 가진 학생들은 대다수이고 또 모든 학생들은 카카오톡을 쓴다.

하지만 네이버는 구찌처럼 변신을 꾀하고 있다. 구글과 카카오가 약한 분야인 전자상거래 시장을 장악했다. 이제 네이버를 단순한 포털사이트로 보는 사람은 없다. 네이버쇼핑을 통해 전자상거래 거래액이 늘어나자 이를 기반으로 네이버페이를 활용하고 금융의 영역으로 확장시켰다. 포털사이트 회사가 이제 아마존, 알리바바와 같은 기업으로 변신을 하고 있는 것이다.

여기에 강적 쿠팡과 대적하기 위해 네이버는 애플과 안드로이드가 싸웠던 전략을 활용한다. 배송, 결제, OTT를 홀로 다 하겠다는 쿠팡에 맞서 네이버는 CJ대한통운, 이마트, 하이브, 스튜디오드래곤과 지분교환 형태로 동맹을 맺었다. 배송, 오프라인매장, 콘텐츠, K-POP의 강자들과 합체를 해서 구글, 카카오, 쿠팡과의 경쟁에서 충분히 해볼 만한 힘을 갖추게 됐다.

2년 동안 카카오의 주가는 5배, 구글의 주가는 2배 상승했다. 네이버도 이에 못지않게 2년 간 주가가 4배 상승하는 저력을 보여줬다.

변신에 성공하는 기업은 계속 성장하고 투자수익을 안겨 준다. 하지만 시대의 흐름에 변신하지 못하고 승기를 놓치는 기업은 싸이월드처럼 우리들의 기억에서 사라지게 된다.

지금은 네이버, 카카오 주가가 모두 많이 오른 시기다. 네이버도 뒤처지지 않기 위해 쇼핑, 웹툰, 핀테크 등 다음 먹거리를 찾아 많은 노력을 하고 있다. 하지만 지금의 젊은 층을 확보하지 못하면 미래에는 네이버가 꽤나 고전할 수도 있다고 본다. 카카오는 캐릭터를 강조했고, 젊은 세대에게 잘 먹혔다. 카카오 캐릭터가 있는 제품을 사기 위해 매장으로 가고, 이모티콘을 구입한다. 카카오가 그들의 감성을 제대로 건드린 것이다.

네이버가 구글과 카카오의 압박에서 살아남으려면 다시 다음 세대를 위한 변신을 해야 한다. 요새는 3살짜리 아이도 유튜브를 다룰 줄 아는 세상이다. 그래서 구글, 카카오, 네이버 모두 교육에 많은 투자를 하고 있다. 새로운 콘텐츠로 아이들의 마음을 사로잡는 기업이 다음 먹거리를 차지할 수 있는 기업이 될 것이다.

3장

철학에서 유망업종을 찾다

플라톤

플라톤은 소크라테스의 제자다. 좋은 스승 밑에서 좋은 제자가 나왔다. 플라톤도 젊은 시절 여느 아테네인처럼 정치에 야망이 있었다. 하지만 30인 정권의 핵심인물인 외삼촌과 5촌 당숙이 정권싸움에서 살해당하고 스승인 소크라테스조차 배심원 투표로 사형을 당하자 정치에 환멸을 느낀다. 당시 그리스는 민주정이었기 때문에 플라톤은 민주정치에 대해 더 환멸을 느끼고 철인통치론을 주장했다.

당시에 민주정 국가들은 문제가 많았다. 선동, 야합, 분열, 반목, 외세 결탁, 추방, 누명, 책임전가 등이 빈번히 발생했다. 그리고 펠로폰네소스 전쟁에서 아테네가 패하며 민주정이 문제가 있는 것이 아닌가에 대한 고민이 많은 시기였고, 이 민주정을 비판하고 대안을 제시할 목적에서 만들어진 것이 철인 통치론이었다.

그가 생각한 이상 국가가 되려면 사유재산과 가족제도 금지, 남녀평등, 공동육아제도가 있어야 했고 직업은 가장 적합한 사람이 그 일을 해야 한다고 생각했다. 당시에 적합하지 않은 사람이 정치를 하고 군대를 이끌고 리더를 맡았기 때문에 전쟁에서 졌다는 반성이 반영된 것이라 본다.

국가를 통치하는 철인은 이데아를 인지할 수 있는 사람을 말한다. 쉽게 비유하자면 국가의 문제를 병이라고 보면 이를 치료할 수 있는 지식(이데아)을 가진 의사가 필요하다는 뜻이다. 즉, 그냥 똑똑한 사람이 아니라 정치에 대한 지식을 가진 자, 정치문제를 해결할 능력을 가진 자를 말한다. 또한 철인정치는 스펙 좋은 사람, 인기 좋은 사람, 집안 좋은 사람을 지도자로 뽑는 형태가 아닐 뿐더러 소피스트가 지도자가 되는 것을 반대했다. 이데아를 꿰뚫어 볼 수 있는 인재에게 자리를 물려줘야 한다고 말했다. 이는 공자의 유교사상에 나오는 성인지배자 개념과 유사하다.

지금 국가가 처한 문제가 무엇인지 알고 이를 해결할 지식을 갖춘 지도자가 있느냐에 따라서 국가의 경제발전속도가 달라진다. 몇 가지 사례를 들어보자. 중국은 등소평의 개혁개방 덕분에 세계 2위 경제대국이 될 수 있었다. '검은 고양이든 흰 고양이든 쥐만 잘 잡으면 된다'는 흑묘백묘론으로 대표되는 실용주의 노선은 과감한 개혁개방을 이끌었다. 기업가와 농민의 이윤보장, 지방분권, 엘리트 양성, 외국인투자 허용으로 이후 중국경제가 크게 성장할 수 있는 초석을 다졌다. 부족한 식량문제를 해결하기 위해 중앙통제 농업 정책을 버리고 자율농업과 잉여생산량 판매를 허락했다. 이후 미국과 수교를 하는 역사적인 사건을 통해 경제특구를 만들고 서양의 돈과 기술이 몰려들었다. 그 이후 알다시피 중국의 GDP는 급격한 성장을 거뒀고 세계 2위 경제력을 갖추게 되었다.

인도는 2014년 모디 총리 취임 이후 중국과 함께 세계에서 가장 높은 경제성장률을 보이고 있다. 모디노믹스라고 불리는 그의 개혁은 첫째 외국자본을 적극적으로 유치해 자본과 기술을 흡수하고 있다. 둘째는 인도를 세계의 공장으로 만들겠다는 생각으로 제조업을 적극 육성하고 있다. 세 번째는 대대적인 인프라 개혁이다. 도로, 철도, 항만, 산업단지, 전기공급 확장을 통해 외국기업이 사업하기 좋은 환경으로 만들고 있다. 네 번째는 사회경제에서 시장경제로의 전환이다. 중국이 급격히 발전할 수 있는 계기가 되었던 시장경제로의 전환을 통해서 경제성장의 토대를 다지고 있다. 그 덕분에 물가상승률은 하락하고 경제성장률은 올라가는 호황을 누리기 시작했다. 2014년 국가 GDP 10위에서 매년 7% 이상 상승하며 2019년 국가 GDP순위가 5위로 올랐다.

중국의 개혁개방정책 시기에 중국에 투자했던 사람들은 큰 수익을 얻어갔다. 이제 인도가 중국을 이어 개혁개방을 강하게 하고 있다. 인도에 투자한다면 앞으로 어떤 결과가 기다리고 있을까?

우리는 직접 인도의 주식을 살 수는 없다. 실질적으로 가능한 방법은 미국에 상장된 인도주식예탁증서(ADR)를 사는 방법이다. 현재 인도 주식 중 16개가 미국에 ADR(예탁증서)로 상장되어 있다. 예를 들어 타타모터스는 미국주식시장에서 매수 가능하고, 타타스틸은 영국에서 매수 가능하다. 다른 방법으로 한국이나 미국에 상장되어 있는 인도ETF에 투자하는 방법도 있다. 인도 증시 지수에 투자하거나 업종에 집중적인 투자가 가능하다. ETF나 펀드라고 수익률이 낮을 것이라는 생각은 오산이다. 2006~2007년 중국증시가 상승하는 시절 중국주식펀드 연간 수익률이 70%를 상회했다.

강력한 지도자는 국가발전에 명과 암을 준다. 하지만 투자자는 투자의 관점에서 지도자를 봐야 한다. 본인의 철학에 사로잡히지 말고 좋은 투자처가 될 수 있다면 투자를 하는 사고의 유연함이 필요하다.

애덤 스미스

국부론과 보이지 않는 손

'보이지 않는 손'을 주장한 애덤 스미스의 대표 저서는 『국부론』이다. 애덤 스미스는 『도덕감정론』을 최고의 책이라 말했지만 대중은 『국부론』에 더 열광했다. 당시의 시대상황을 생각해보자. 18세기말 당시의 영국은 산업혁명에 성공한 시기였다. 부는 땅에서 나온다고 생각한 기존의 경제에서 무역과 생산, 금융으로 번영하는 경제의 모델을 보여준 시기였다. 그 책이 『국부론』이다. 『국부론』의 원리는 효율을 올려 생산력을 끌어올리고 이를 통해 부가 증가하며 나라를 풍요롭게 한다는 것이다. 『국부론』의 부는 생산성을 말하고 생산성의 발달은 효율의 증가를 말한다. 국가의 생산성 총합을 우리는 GDP라고 부르고 지금도 국가의 경제력을 국가 GDP로 평가하고 있다.

이 책의 주요 내용들을 보면 하나는 분업에 대한 이야기를 한다. 분업은 생산성을 향상시킨다고 한다. 모든 분야를 통달한 전문가는 나오기도 어렵고 효율도 떨어진다. 각 파트를 맡은 전문가들이 자신

3장 철학에서 유망업종을 찾다

이 제일 잘 할 수 있는 일을 처리하게 해야 효율이 올라가고 능률을 올릴 새로운 아이디어가 나오게 된다. CEO가 모든 일을 다 통달할 수는 없다. 본인이 집중할 수 있는 일에 집중하고 나머지는 전문직원들에게 맡겨 효율을 올려야 한다.

영국은 수운을 통한 운송이 발달하면서 물류비가 크게 감소하고 분업이 활성화되어 상업이 발달하게 된다. 당시에 런던에서 에든버러까지 육상으로 수송을 하면 16톤을 운반할 수 있지만 배로 운반을 하면 같은 인력으로 200톤을 운반할 수 있었다. 수상운송이 부를 가져다주자 강과 바다를 낀 도시들이 급격히 발달하기 시작한다. 부가 내륙에서 해안가로 이동하고 바다로 인접한 국가들 간의 무역도 번창하기 시작한다.

다른 하나는 이기심이 경제발전을 이루었다는 주장이다. 인간은 이익을 얻고자 하는 이기심 때문에 더 열심히 일하고 경쟁을 위해 기술을 발전시킨다. 그 발전된 기술로 이익은 더 늘어나고 부가 늘어나게 된다는 이야기다. 예를 들어 공업을 위해 만들어진 증기기관은 디젤엔진으로 진화했고 공장과 운송수단에만 도움을 줄 거라 생각했지만 이는 경운기, 트랙터로 가지를 쳐서 농업의 생산력을 증대시켜줬다. 인간의 이기심이 기술의 발전을 불러오고 이 기술은 한 영역에만 국한되지 않고 다른 영역에도 확대시키며 국가의 부를 더 키운다는 것이다.

『국부론』에서 가장 중요한 개념은 '보이지 않는 손'이다. 모든 시장의 참가자가 열심히 일하고 자원이 효율적으로 거래된다는 전제 하에서는 가격결정이 소수가 아닌 시장참가자 전체에 의해서 일어난다는 것이다. 생산자는 가격과 공급량을 생각해서 최대의 이윤을 추구하려고 한다. 수익이 과도하게 크면 공급이 증가하면서 가격이 하락하게 되고 수익이 줄면 공급도 줄어들면서 가격이 상승하게 되어 적정한 가격선을 유지한다는 것이다. 이 과정에서 공급자와 수요자가 만족스러워 하는 적정가격이 유지되니 정부나 소수이익집단이 이에 관여하면 안 된다는 이론이다.

또한 애덤 스미스는 정부는 이런 과정에 개입하지 말고 개인이 상업에 전념할 수 있게 도로, 항만, 전기, 토목 등의 인프라 공사나 개인들이 하지 않으려는 사업을 하고 길드(대규모 상인집단)가 정치세력을 등에 업고 독점을 해서 공급과 가격을 통제하는 일이 없도록 해야 한다고 주장한다.

『국부론』이 나온 시대적 배경을 보면 중상주의를 쓰던 시기였다. 왕은 절대 권력을 위해 강력한 상비군을 유지할 돈이 필요하고 거대 상인들은 자신의 이익을 위해 권력의 비호가 필요했다. 시간이 지나고 1920년대 경제대공황이 오면서 케인즈의 수정자본주의가 등장했다가 다시 신자유주의가 시대를 주도했다. 이 과정에서 국가의 개입 정도는 달라졌지만 이익단체, 로비스트, 권력과의 결탁은 전 세계 곳곳에서 사라지지 않고 있다. 애덤 스미스가 말하는 완전한 자본주의는 아직 실현되지 못했다고 볼 수 있다.

국가는 기간산업을 국유화하여 직접 운영하고 있다. 역사적으로 소금과 철은 국가가 직접 운영하는 경우가 많았다. 수입 규모가 크고 무기와 관련이 있기 때문이다. 우리나라에 상장된 국영기업은 한국전력(전기), KT&G(담배), 한국가스공사(가스), 한국항공우주(항공) 등이 있다.

그 외에도 소수의 기업이 산업을 독점하고 있는 경우도 많다. 통신의 경우 3개 업체가 독점을 하고 있고 재보험사의 경우 코리안리 하나가 독점하고 있다. 미국에는 마이크로소프트가 대표적인 독점업체다. 그럼 독점을 하는 기업에 투자하면 많은 수익을 올릴 수 있을까?

2011년에 독점기업에 투자해서 2020년까지 보유했을 경우 KT(-39%), KT&G(32%), 한국전력(-29%), 한국항공우주(0%), 한국가스공사(-17%), 코리안리(-23%) 등 대체로 저조한 수익률을 보였다. 독점기업의 경우 독점금지법으로 인해 가격을 함부로 올릴 수가 없고 국가가 보유한 독점기업은 손해를 보더라도 필수적인 사업들을 하고 있는 경우이기 때문에 투자자로서는 독점기업 투자로 큰 수익을 누리기 어려울 수 있다.

반면 마이크로소프트는 10년간 8배 상승했고 구글은 6배, 아마존은 18배 상승했다. 미국은 기본적으로 독점을 규제하고 있다. 1890년 셔먼법으로 록펠러의 기업을 쪼개버렸고, 1984년 유선전화를 독점한 AT&T도 쪼갰다. 1998년 마이크로소프트도 반독점법으로 인해 많은 규제를 받았다. 그 사이 새로운 빅테크 기업이 성장할 수 있었고 최근에는 아마존, 구글, 애플, 페이스북에 대한 반독점법 규제 움직임이 일어나고 있다.

투자는 자유경제를 조절하려는 국가의 움직임을 잘 봐야 한다. 당장은 독점으로 이익을 누리고 있는 기업이라고 하더라도 국가가 규제를 통해 이익을 낮춰 국민이 이익을 볼 수 있도록 할 수도 있고 반대로 자연스럽게 공급을 늘리면 될 일을 국가가 규제를 잘못 건드려 수요와 공급이 깨져 급격한 가격상승으로 국민이 피해를 볼 수도 있다.

한때는 자유자본주의가 정답이라고 했고, 한때는 국가가 개입하는 수정자본주의가 정답이라고 했다. 시간이 지나 신자유주의가 정답이라고 하다가 최근에는 다시 국가가 개입하는 정책이 대세를 이루고 있다. 이 말은 정답은 없다는 것이다. 시장의 상황에 따라 국가는 알맞은 정책을 써야 하고 이 정책을 잘못 쓰면 시장과 국가는 쇠락하게 된다.

군주론

마키아벨리와 조조가 생각한 리더

피렌체의 정치가 마키아벨리는 메디치 가문이 복권하면서 권력을 잃고 추방당한다. 이후 다시 정계로 진입할 목적으로 『군주론』을 집필하여 메디치 가문에 바친다. 책의 내용이 군주가 국가를 다스리기 위해서는 잔인하고 비도덕적이어도 된다는 내용을 담고 있어 당시 가톨릭 교리에 위반된다는 이유로 교황청에서 금서로 지정하였다.

하지만 당시의 상황을 보면 이런 책이 나올 수밖에 없는 환경이었다. 당시 이탈리아는 오스만제국과 유럽을 연결하는 중개무역을 통해 큰 부를 쌓았고 무역이 중심이 되다보니 피렌체, 로마, 베네치아 등 도시국가가 발달하고 있었다. 하지만 주변의 스페인, 프랑스, 오스만은 중앙집권국가라 이탈리아와 잦은 전쟁을 벌이고 있었다. 한마디로 살아남기 위해서는 무슨 짓이라도 해야 하는 난세였다. 『군주론』 마지막 장에서도 '야만족으로부터 이탈리아를 해방시키기 위한 권고'라는 문구가 있다.

난세에서는 착하고 어진 군주가 살아남을 수 없다. 강력한 카리스마와 통치력을 가진 군주가 국가의 힘을 하나로 집중하고 적과 싸워 나라를 지키는 능력이 요구된다. 그러기 위해서는 중세시대의 덕목을 가지고는 국가를 운영하기 힘들다. 도시국가였던 이탈리아를 하나로 통합하고 힘을 모아 사방에서 들어오는 적들과 싸워 이겨야 했다. 그러면 필요한 덕목은 자연스레 도덕과 신의가 아니라 힘과 술수가 더 중요시된다.

『군주론』에는 리더는 사랑을 받는 쪽과 두려움을 주는 쪽 중 하나를 선택해야 한다는 말이 나온다. 태평한 시대에는 사랑을 받는 리더가 적합할 수도 있겠지만 격변의 시기에는 두려움을 주는 리더가 더 적합하다는 것이다. 격변의 시기 백성과 직원들은 위험과 함께 있다. 이들은 위험이 오면 리더에 대한 충성이 아니라 자신과 가족을 보호하기 위한 선택으로 바뀐다. 그래서 『군주론』에서는 백성은 은혜를 모르고, 변덕스럽고, 위선적이고, 이익을 향해 달리는 존재라고 표현했다. 춘추전국시대를 통일한 나라는 덕과 예로 나라를 다스린 나라들이 아니라 강력한 법과 군사로 나라를 다스린 진나라였다.

또한 미덕으로 보이는 일들은 자신을 파멸로 이끄는 반면 악덕으로 보이는 일들은 결과적으로 자신의 안전을 확보하고 번영을 가져오는 경우가 있다고 말한다. 고려시절 몽골이 쳐들어 왔을 때 백성들과 끝까지 항전하지 않고 사병들과 함께 강화도로 도주한 냉혈한 독재자 최씨 무인정권은 이전의 무인정권과 달리 4대 62년에 걸쳐 장수했다.

마키아벨리의 『군주론』은 당시의 위기 속의 이탈리아를 위해 현실적인 권력 사용법을 알려준 책이다. 난세를 수습하는 사람은 덕을 가진 리더보다는 강력한 카리스마를 지닌 리더인 경우가 더 많았다. 이 『군주론』의 모델이 될 만한 사람이 『삼국지』의 조조다. 사람들은 조조를 난세의 간웅이라 표현하지만 그는 격동의 세기에서 중원을 차지하기 위해 수많은 영웅들과 다투며 최후에 중원을 차지한 사람이다. 당시 서주 대학살이라는 잔인한 선택을 했던 인물로 악명을 남겼지만 그 때 조조는 기반도 약하고 군대도, 시간도 부족한 상황에서 불가피한 선택을 한 것이다. 이후 그는 다시 서주를 공격하여 서주의 주인이 되었고 하북의 원소에게 이겨 중원을 홀로 차지했다.

조조는 난세를 이겨나가기 위해 인재를 잘 활용했다. 모든 것을 두루 갖춘 인재만 찾다가는 당장 자신의 세력이 크게 쪼그라들 수 있었다. 인재들이 가진 장점과 단점 중 장점을 살릴 수 있는 자리에 이들을 배치해서 많은 인재들을 효과적으로 활용했다. 적들의 장수인 가후, 서황, 장합, 장료들을 받아들여 핵심부하로 활용했다. 또한 신분에 얽매이지 않고 능력만 있다면 우금, 허저 같은 인재를 기용했다. 난세는 도덕과 신분보다 능력이 중요하다. 명망가의 자제가 전쟁을 더 잘하지도 않고 도덕이 뛰어난 군자가 전쟁을 승리로 이끌지도 않는다.

조조는 대규모 전투에서는 항상 직접 군을 이끌고 나갔다. 전쟁을 승리하고 돌아오는 리더는 백성들로부터 강력한 카리스마와 지지를 얻게 된다. 이는 한 조직에서 새로운 카리스마를 가진 리더가 등장하면 조직이 둘로 갈라지는 것을 의미한다. 조조 이후 대규모 전투에서 리더로 출전한 사마의는 점점 위나라에서 입지가 강해졌고 이후에 사마씨 가문이 조씨 가문을 축출하고 새로운 나라를 세우게 된다. 고려 말에도 이성계라는 젊은 리더가 등장하면서 위화도 회군 후 기존 리더인 최영과 한판 승부를 벌였고, 이성계가 이겨 고려가 사라지고 조선이 등장하게 되었다.

기업들은 난세를 살고 있다. 난세를 평정하고 안정기에 들어선 기업들은 난세시대를 이끌었던 인재들이 하나둘 은퇴하면서 조직은 관료적으로 바뀌고 위기대응능력은 떨어진다. 난세에서 주도권을 쥐고 있는 기업들을 보면 CEO는 현명함이 느껴지고 핵심직원들은 자신의 능력을 최대한으로 발휘하고 있다. 즉, 투자자는 리더와 핵심인물들을 보면 회사의 미래를 어느 정도 예상할 수 있다.

기업의 총수가 직접 M&A를 진두지휘하고 해외를 활발히 오가며 사업의 영역을 키우는 조직이 있는가 하면 총수는 있는 듯 없는 듯한 기업도 있다. 기업의 조직 면에서 큰 성과가 생기는 일은 총수가 직접 나서서 하는 것이 좋다. 그래야 조직의 힘이 분열되지 않고 하나로 모을 수가 있다. 삼성가문의 경우 리더들이 쉬지 않고 움직인다. 해외를 계속 오가고 협력을 맺고 투자를 하고 직원들을 독려한다.

최근 들어서 기업의 리더들이 미디어와 SNS에 자주 노출되는 경우가 있다. 대중의 친근함을 얻기 위해 광고나 직원을 활용하는 것이 아니라 본인이 직접 뛰어드는 모습을 보여준다. 회사 내에서는 무서운 리더일지 모르지만 대중들에게는 성실하고 친근한 이미지로 다가온다. 기업은 대중의 마음을 얻어야 이기는 전쟁이기 때문이다.

마지막으로 『군주론』의 두 문장을 인용하고자 한다. "현명한 군주라면 타인의 선택보다는 자신의 선택에 의존하라" "미움을 받는 일만은 피하라"

스타벅스

잘 나가는 기업의 로고는 유심히 볼 필요가 있다. 로고 안에 기업이 말하고자 하는 철학이 담겨있기 때문이다. 그리고 그 철학에는 사람들이 좋아할 수밖에 없는 이유가 담겨 있다.

10년간 주가가 7배 넘게 오른 스타벅스는 빠른 성장세를 보이고 있다. 한 번 스타벅스를 마신 고객은 단골이 되고, 단골은 떠나지 않으니 이용자가 계속 늘어날 수밖에 없다. 스타벅스는 어떤 매력이 있을까? 스타벅스의 독특한 이름과 로고를 살펴보자.

스타벅스라는 이름에는 커피, 카페라는 단어가 들어있지 않다. 직접적으로 커피를 생각나게 하지 않아 불리한 이름일 수 있다. 그 인문학적 가치가 담겨있기 때문에 울림을 준다. 이 이름은 19세기 미국 문학 최고의 걸작이라고 알려진 허먼 멜빌의 소설 『모비딕』에서 유래한다. 이 소설에 나오는 고래잡이배 항해사 '스타벅'에서 유래했다. 『모비딕』은 문학적 가치도 뛰어나지만 인간의 고통, 고뇌, 의지, 한계, 도전을 다룬 작품이다. 그 속에 종교, 문화, 정치도 담고 있다.

로고인 여신 '세이렌'은 지중해 작은 바위섬에 살고 있는 여신으로 그리스 신화에 나온다. 그리스 신화는 가장 오래된 신화 중 하나로 서양의 철학적 기반이 된다. 세이렌의 어원은 '끈으로 묶다'라는 뜻의 'Seirazein'에서 유래가 되었고 '경고, 신호'를 뜻하는 지금의 사이렌의 어원이 된다. 스타벅스는 이를 활용해 주문시스템인 사이렌 오더를 도입했다. 단순히 커피를 파는 가게로 보이지만 실은 인문학과 신화가 오늘날에도 작동한다는 인문학적이고도 고급스런 이미지를 선택한 시스템이 스타벅스다.

세이렌의 원래 모습은 하늘을 나는 새로 알려져 있다. 천상의 목소리로 사람을 유혹해 침몰하게 만드는 것으로 악명이 높았고, 지중해를 지나가는 오디세우스는 세이렌의 유혹을 이겨내기 위해 돛대에 자신을 묶어 놓고 선원들에게 귀마개를 씌운다. 그만큼 세이렌은 강력한 유혹이라는 의미를 가진다.

하지만 스타벅스 로고의 세이렌은 새의 모습이 아닌 인어의 모습이다. 세이렌은 우리에게 인어로 더 익숙하다. 『인어공주』 동화가 세이렌 이야기다. 중세 이후 미술작품에서 세이렌은 새의 모습보다 점차 여인의 모습이 강조되었고 나중에는 인어의 모습으로 바뀌었다.

스타벅스의 문구와 로고는 어떤 의미를 내포하는지 알 수 있다. 미국만의 철학과 인간의 고민이 담긴 곳이라는 이미지와 커피로 당신을 강하게 유혹하겠다는 메시지를 담고 있다. 이런 배경을 알고 있는 사람들은 스타벅스라는 곳은 단순히 커피를 파는 곳이 아니라 하나의 문화를 파는 공간임을 느끼게 된다.

새의 모습에서 점차 인어의 모습으로 변한 세이렌처럼 스타벅스는 변화하는 모습을 강조한다. 스타벅스에는 진동벨이 없다. 고객의 이름을 부르고 고객이 커피를 가져갈 때 눈을 마주치는 것이 스타벅스의 원칙이다. 고객의 이름을 부르는 것과 부르지 않는 것은 작지만 큰 효과를 불러온다.

진동벨을 쓰지 않겠다는 고집을 유지한 스타벅스가 사이렌 오더를 내놓았다. 돈을 미리 충전시키고 어플로 주문을 하면 기다리지 않고 커피를 찾아갈 수 있다. 그리고 어플에서 커피가 나왔다는 신호도 알려준다. 진동벨이라는 시스템을 건너뛰고 더 미래적인 방법으로 앞서나간 것이다.

사이렌 오더는 작업효율을 올려주어 인건비 절감효과를 주지만 그보다 더 큰 효과를 가져온다. 스타벅스라는 기업이 이제 금융으로 진출할 수 있는 기반이 된 것이다. 스타벅스에 예치된 선불금은 2019년 기준 1조 5천억원 이상이다. 중소은행보다 더 많은 현금을 보유하고 있고 구글페이, 애플페이 사용자보다 더 많다. 누구나 사이렌 오더 어플을 깔고 있고 하나의 플랫폼이 되었다면 여기에 다양한 금융상품, 서비스를 붙일 수 있다. 새에서 인어로 바뀐 세이렌 여신은 이제 무엇으로 진화할까?

애플

생태계와 승자독식

아이폰으로 상징되는 애플은 다른 스마트폰들과는 다르다. 안드로이드라는 시스템 하에 껍데기만 다른 스마트폰들과 달리 아이폰은 다른 시스템은 들어올 수 없는 자체 시스템과 이 시스템에 최적화된 스마트폰을 출시한다. 대중적인 것과는 다른 우리들만의 감성이라는 이미지는 젊은 층을 매료시켰고 아이폰을 기반으로 애플 생태계를 갖춰나가고 있다.

애플은 자체 시스템을 가지고 있기 때문에 앱 스토어에서 결제되는 수수료를 애플이 가져간다. 스마트폰만 팔아서 수익이 나는 삼성과 달리 애플은 소프트웨어 거래에서도 수익을 가져가는 플랫폼이다.

또한 폐쇄적이기 때문에 아이폰에서만 구동되는 프로그램이 존재하고 이에 익숙한 세대는 아이패드, 맥, 애플TV로 확장하게 된다. 집 안의 IT제품이 애플로 도배가 되고 애플로 호환이 되는 세상이 오는 것이다. 이를 애플 생태계라고 한다. 가입자들은 태어나고 성장하고 늙어가면서 계속 애플의 제품 속에서 살게 된다.

삼성과 LG도 생태계를 구축하려 노력하고 네이버와 카카오도 생태계를 구축하려고 한다. 생태계를 제국처럼 확장하려 한다. 지금은 각자의 영역에서 생태계를 확장하고 있지만 더 이상 확장을 할 수 없는 순간이 왔을 때 생태계 간의 전쟁이 발생할 것이라 본다. 그 안에서 살아남고 더 커지는 생태계와 사라지는 생태계로 나뉠 것이다.

최근에는 서점이라는 공간 안에 카페, 식당, 의류, 공예를 포괄한다. 사람들이 이 안에서 계속 머물면서 종일 여기에 돈을 쓸 수 있게 만들었다.

온라인 플랫폼은 글로벌 기업이 장악하고 있다. SNS를 장악한 페이스북, 전자상거래를 장악한 아마존, 영화 콘텐츠를 장악한 넷플릭스, 검색과 유튜브를 장악한 구글이 독점에 가까운 점유율을 보여주고 있다. 이 플랫폼들은 자신들이 가진 가입자를 무기로 영역을 확장해 나간다. 유튜브는 미국에서 스토어를 추가했고 실험이 끝나면 한국에도 들어올 예정이다. 영화로 시작한 넷플릭스는 드라마, 예능까지 삼키며 방송국을 위협하고 있다. "Winner takes all"(승자가 모든 것을 가져간다)이란 말이 이제는 국경을 넘어 전 세계에 적용되고 있다.

독점이 갖춰지면 기업은 수익을 생각하게 된다. 구글은 현재 지도, 번역, 오피스, 드라이브 등을 무료로 제공하고 있다. 독점이 완료되고 경쟁자가 나타날 수 없는 환경이 조성되면 무료였던 서비스는 유료가 되고 선택의 여지가 없는 사람들은 돈을 내고 이용해야 한다. 독점의 폐해가 우려될 수 있다. 그래서 반독점법을 통해 빅테크 기업들을 규제하려는 움직임이 나오고 있다.

주식투자로 세계 2위 부자가 된 워런 버핏이 가장 좋아하는 기업은 독점하는 기업이다. 독점을 하는 기업은 안정적으로 높은 이익을 얻을 수 있기 때문이라고 한다. 사람들의 우려의 크기만큼 플랫폼 기업의 몸집도 커지면서 주가가 급등하고 있다. 그들의 전략을 택하는 사람이 늘고 있다는 방증이다.

기존 기업들은 빅테크 기업에게 하나둘씩 편입되고 있다. 빅테크 기업들은 다음 먹거리로 자율주행차를 노리고 있다. 그들이 가지고 있는 빅데이터와 그동안 투자한 인공지능이 자율주행차를 가능하게 만들고 있다. 자율자동차의 핵심을 빅테크 기업들이 가졌기 때문에 기존의 자동차회사는 갑이 될 수 없다. 그러면 미래의 자동차 시장은 빅테크 기업들이 가져가고 기존 자동차업체들은 빅테크와 싸워볼 것인지 그들에게 들어갈 것인지를 선택해야 한다. 그 속도가 몽골이 아시아와 유럽을 정복한 속도처럼 빠르게 진행되고 있다고 해도 지나치지 않다.

에르메스

대량생산에 맞선 느림의 미학

플랫폼의 제국화는 기존 기업들에게 두려움이 되고 있다. 빅테이터, 인공지능, 가입자를 무기로 기존 업체들을 위협하고 있기 때문이다. 칭기즈칸은 기존에 없던 무기와 전략으로 아시아, 유럽을 지배했다. 보급품도 필요없고, 보병도 없고, 낮은 성은 말로 뛰어 넘어버렸다. 말을 타는 병사들은 화살을 잘 쏘았고 후퇴하는 척하며 뒤로 돌아와 공격을 했다. 새로운 전략과 무기에 기존의 국가들은 힘도 제대로 써보지 못하고 무너졌다. 다만 몽골의 지배를 받지 않은 나라가 있었는데, 일본이다. 몽골의 기병이 바다에서는 힘을 발휘할 수 없기 때문이다. 플랫폼의 제국에 맞서 싸우려면 그들이 유리한 전장에서 사업하면 안 된다. 그들이 장점을 발휘할 수 없는 영역에서 사업을 해야 한다.

100년 전, 세상에는 자동차가 처음 대량 생산됐다. 포드 자동차를 만든 헨리 포드는 서민들도 살 수 있는 자동차를 만들겠다고 생각해서 모델 T를 850달러에 내놓았다. 이후 모델 T는 가격이 300달러까지 하락했다. 당시 고급 자동차들이 2,000~3,500달러였는데 대량생산 시스템을 갖춘 포드였기에 저가공세가 가능했다. 1908~1927년까지 모델 T는 1,500만대가 판매됐다.

포드가 미국에서 대량생산 시스템을 구축하자 유럽은 경악했다. 컨베이어벨트를 지나가며 조립이 되는 시스템은 생산의 효율이 급격히 증가했고 빠른 시간에 제품이 만들어졌다. 효율의 증가는 생산단가의 하락을 의미한다. 대규모 공장에서 나오는 저렴한 제품과 가격경쟁에서 승산이 없음을 의미했다. 유럽이 마차의 시대를 열었다면 자동차의 시대는 미국이 열었다.

당시 유럽왕실의 마구용품을 만들던 에르메스는 제1차 세계대전이 벌어져 프랑스 기병에 납품할 가죽을 찾아 미국을 방문했다가 대량생산시스템이 자리잡은 포드를 보고 충격을 받는다. 장인들이 만들던 제품들을 대량생산 시스템이 만들었기 때문이다. 변화의 물결에서 에르메스는 어떤 선택을 해야 할지 고민했을 것이다. 에르메스의 선택은 포드의 '빠르게, 싸게, 더 많이'와 반대되는 '더 느리게, 비싸게, 적게'였다.

소비자들의 욕구가 늘어나면 기업은 더 많이 생산을 늘리게 된다. 당장은 수익이 날 수 있겠지만 브랜드의 소모는 빠르게 일어난다. 누구나 살 수 있는 명품이 되면 더 이상 명품이 아니게 된다. 아무나 살수 없어야 명품으로서 가치가 있는 것이다. 에르메스는 소량 생산과

장인의 책임제를 적용했다. 장인 하나가 이름을 걸고 한 땀 한 땀 정성을 들여 만든 명품 가방은 컨베이어 벨트에서 만들어진 가방과 다른 느낌을 준다. 속도가 느리니 공급도 부족하다. 그래서 에르메스의 매장 수는 다른 브랜드에 비해 많지 않고 아무데나 들어가지도 않는다.

에르메스의 버킨백은 가격이 1~2억원 정도이고 이를 구입하려면 2년 이상 기다려야 한다. 말도 안 되게 비싸지만 오히려 아무나 가질 수 없다는 사실에 헐리우드 스타들도 주문을 넣고 기다린다.

물건을 적게, 느리게 판다고 해서 기업의 주가가 느리게 오르는 것은 아니다. 프랑스에 상장된 에르메스 주식은 10년 전 146유로에서 현재 832유로로 6배가량 올랐다. 루이비통이 속한 LVMH 주식은 10년간 5배가 올랐다.

요새는 식당들 중에서도 꽤 비싼 식당들이 인기를 끌고 있다. 누군가에게 사야하는 음식이라면 좋은 음식을 대접하자는 생각을 갖기 마련이다. 그래서 1인분에 10만원이 넘지만 자리가 부족해 몇 달 전에 예약해야 하는 식당들도 많다. 테이블 수도 적어서 누구나 올 수 없지만 반대로 이 음식을 먹게 되면 만족감이 더 클 것이다. 100년이 지난 지금 포드는 과거의 명성을 잃은 지 오래지만 에르메스는 아직도 최고를 유지하고 있는 것도 이와 크게 다르지 않다.

4장

지리와 공간에서 투자의 해답을 찾다

판옵티콘

고층, 복층을 좋아하는 이유

판옵티콘(Panopticon)의 Pan은 그리스어로 '모두'를 뜻하고 opticon은 '본다'의 뜻을 가지는데, 높이 솟은 원형감시탑 위에 앉은 간수가 빙 둘러쳐진 수인의 방을 효율적으로 감시할 수 있는 원형감옥을 말한다. 이 구조의 특징은 수인들은 어두운 감시탑을 들여다볼 수 없지만, 감시자는 환한 불빛이 비치는 수인들의 방을 잘 감시할 수 있다는 것이다. 18세기 영국의 법철학자 제러미 벤담은 통제자들이 어둠의 뒤에서 감시하고 통제하는 사회를 원형감옥이라 했다.

지배층은 피지배층이 봉기를 일으키지 않을까 두려워 한다. 그래서 그들의 일거수일투족을 감시하고 싶어 한다. 지배층이 높은 지대에 있으면 낮은 지대에 살고 있는 피지배층의 동선을 감시할 수 있을 것이다. 반대로 낮은 지대에 살고 있는 피지배층은 고지대에 살고 있는 지배층이 무엇을 하는지 알 수가 없다. 항상 감시당하는 느낌을 받는다. 반란을 도모하기가 쉽지 않다. 이를 그려낸 영화가 강우석

감독의 〈이끼〉다. 영화 〈기생충〉에서는 부잣집은 고지대의 대저택에 살고 가난한 주인공의 집은 반지하에 살아 폭우가 오는 날 집이 잠겨 버린다.

판옵티콘 같은 동네가 현실에서도 있을까? 한국의 가옥 구조에서는 그럴 수 없었다. 우선 온돌로 난방을 하는 구조이기 때문에 2층 건물이 지어질 수 없었다. 해방 이후 도시화가 진행되고 주거가 부족해지면서 고지대에도 집을 짓고 살기 시작했다. 일명 산동네라고 불리는 곳으로 부자들이 아닌 가난한 사람이 판옵티콘의 위치에 살았다.

이후에는 아파트가 유행을 하기 시작했고 계단의 불편함이 있어서인지 로얄층은 고층이 아니라 중간층이었다. 저층은 길에서 집이 보이기 때문에 감시를 받는 느낌이 들어 싫고 고층은 다리가 아팠기 때문이다. 이후 아파트의 층이 더 높아지고 엘리베이터가 설치되면서 로얄층은 전망이 좋은 고층이 되었다. 펜트하우스는 대부분 꼭대기층에 위치해서 사생활을 보장받을 수 있다.

외국에 가면 아파트보다는 일반 주택들이 많은 비중을 차지한다. 하와이와 사이판은 언덕에 집을 짓고 사는데 위로 올라갈수록 부잣집이다. 남들은 우리 집을 볼 수 없지만 나는 모두를 볼 수 있는 위치에 있다는 장점을 가지고 있기 때문이다. 해운대 옆 언덕인 달맞이는 예전부터 부자들이 살던 동네였다.

생각해보면 고지대에 사는 것은 꽤나 불편하다. 주택지대일 경우 번화가까지 오르고 내려오는 일은 귀찮은 일이다. 아파트도 고층에 살면 엘리베이터를 기다리고 타고 내려가는 시간이 걸린다. 불편함이 많지만 조망이 좋고 해가 잘 든다는 이유가 이 불편함을 이겨낸다. 누군가는 불편하다고 하겠지만 최근의 아파트들은 같은 면적이어도 층에 따라 분양가를 다르게 책정한다. 층수가 올라갈수록 분양가가 조금씩 올라간다.

단순히 주택뿐만 아니다. 복층이 있는 카페를 가보면 복층에는 이미 누군가가 자리를 차지하고 있는 경우가 많다. 카페에 가서 남들의 시선을 받지 않고 독립된 공간을 보장받는 느낌을 준다. 그래서 불편한 계단을 오르내리면서도 커피를 들고 복층으로 올라간다.

서울과 부산에서 인기 있는 관광지는 남산 타워와 용두산 타워다. 이곳에 올라가면 도시의 전경을 한 눈에 볼 수 있다. 가장 높은 곳에서 아래를 내려다보면 상쾌한 느낌을 준다. 그래서 비싼 입장료를 내서라도 높은 곳에 올라가려는 사람들이 줄을 선다.

이렇듯이 사람들 마음속에는 높은 곳에 대한 욕망이 잠재되어 있다. 하늘까지 닿는 높은 탑을 쌓으려는 욕망이 바벨탑이다. 그 탑은 저주를 받아 전 세계로 뿔뿔이 흩어졌다는 교훈을 담고 있다.

사람들은 높은 곳을 열망하는 만큼 사람들이 많이 몰린 곳에서 살고 싶어 한다. 교통이 좋고 인구가 밀집된 서울은 현대판 판옵티콘이다. 서울에서 왜 살고 싶냐는 질문에 돌아오는 대답은 '문화생활' '만남' '느낌' 등 추상적인 답변을 한다. 실제로 본인들도 왜 서울에 살고 싶은지 명확한 이유를 모른 채 그냥 서울에 살고 싶어 한다.

4장 지리와 공간에서 투자의 해답을 찾다

그래서 서울은 매매가격도 비싸고 월세도 비싸다. 침대 하나 놓고 한 명이 살기도 비좁아 보이는 오피스텔 월세가 120만원이나 하는 곳도 있다. 서울 안에서도 사람들은 더 밀도가 높은 강남에 살고 싶어 한다. 강남, 서초, 여의도의 집값은 서울 안에서도 비싸기로 유명하다. 그런데도 사람들은 그곳으로 계속 몰려든다. 어떤 심리일까?

판옵티콘은 높이에서 오는 시야의 우월성이라는 장점이 있다면, 인구밀도에서 오는 장점은 정보와 교류의 우월성 때문이다. 산업혁명이 성공하고 무역이 활발해진 유럽은 항구도시로 사람이 몰리고 가격이 비쌌다. 지금은 정보화시대. 정보의 격차가 성공의 열쇠가 되는 만큼 남보다 정보를 빠르게 접해야 한다. 그래야 부가 창출될 수 있기 때문이다. 지방에 내려가면 편하게 살 수 있다는 것을 모두가 알지만 직장, 교육이라는 핑계로 내려가지 않는다. 오히려 직장, 교육이라는 핑계로 바벨탑의 꼭대기를 찾아 더 밀도가 높은 곳으로 이사를 가려고 한다. 바벨탑의 교훈은 무엇이었을까?

메디나

• ·· •

역사가 도시 모양을 만든다

　모로코에 가면 마라케시, 페즈, 라바트 등 가는 도시마다 '구시가지' 메디나를 만날 수 있다. 도시가 메디나고 메디나가 도시다. 메디나는 현지어로 페스 알 바리(Fes Al-Bali)로 불린다. 그 중에 페즈는 천년이 넘은 역사만큼 큰 메디나를 자랑하고 있다. 메디나는 차가 들어갈 수 없을 정도로 좁은 골목이 거미줄처럼 이어져 있어 길을 잘못 들어서면 미로에 갇힌 것처럼 빠져 나오기가 쉽지 않다는 것이 특징이다. 페즈 메디나 골목이 9,000여 개나 되니 세계에서 가장 큰 미로 도시라는 별명이 맞는 셈이다.

　메디나를 만든 이유는 모로코가 평지로 되어 있기 때문이다. 산이 있으면 적의 공격에 방어하기가 쉽다. 하지만 평지는 방어가 어렵다. 이렇게 미로로 된 도시를 만들고 곳곳에 숨어서 지키면 적은 이 도시를 쉽게 함락시킬 수가 없다. 게릴라전에 유리하기 때문에 모로코 사람들은 외세에 대항하기 위해 이런 미로 모양의 도시를 만들었다. 실제로 지배자인 프랑스는 페즈의 반란군을 감당하기 힘들어 거점을 라바트로 옮겼다.

홍콩은 금융중심지이기도 하지만 관광의 도시로도 알려져 있는데 아시아에서 영국의 느낌을 즐길 수 있기 때문이다. 런던에서 만날 수 있는 시계탑이 있고 100년이 넘는 유럽식 성당을 볼 수 있다. 웨스턴 마켓에 가면 영국에 온 것이 아닌가 하는 착각이 들게 된다. 이런 점 때문에 홍콩은 이국적인 느낌을 주고 다녀온 사람들의 입에서 입으로 호기심이 전파되며 꼭 가봐야 할 여행지가 된다.

베트남의 다낭과 호치민은 프랑스의 느낌이 곳곳에 남아 있다. 한 걸음씩 걷다보면 이국적인 건축물과 아직 남아있는 프랑스의 음식들을 만날 수 있다. 그리고 그곳들은 외국인 여행자들이 여행자 사진을 찍는 관광명소가 되어 있다.

이 도시들은 역사의 아픔이 남아 있는 곳들이다. 식민지배라는 새로운 변화를 받아들여야 했고 그래서 이국적인 건축물들과 거리, 음식점들이 남아 있다. 그리고 그 잔재들은 아이러니하게도 아픔인 동시에 관광산업의 효자 역할을 하고 있다.

우리나라에도 역사적 아픔을 가지고 있는 곳이 많다. 도시화가 진행되면서 많은 곳들이 사라졌지만 서울 강북, 인천, 군산, 목포, 포항, 부산 곳곳에 아직 일본의 건축양식이 남아 있다. 역사적 아픔이라고 하며 없앨 수도 있지만 지금은 이 건축물들을 관광자원으로 활용하고 있다. 없애는 것만이 능사는 아니다. 이를 보며 나라의 소중함을 느끼는 것도 필요하다. 다른 나라들 또한 없앨 수 있어도 없애지 않고 보존하고 있다. 잘 보존하는 것도 중요하다.

아픔을 가진 도시는 스토리를 가진다. 그 스토리는 골목과 건축물마다 아로새겨져 있다. 그 공간에는 이제 슬픔은 사라졌고 새로운 희망이 가득한 가게들이 들어선다. 6·25 전란 이후 생긴 산복도로에는 조망이 좋은 카페들이 들어서고, 슬픔을 노래하는 가수를 기념하는 거리에는 남녀가 손을 잡고 걸어가고 있다. 기차역 근처 허물어져 가는 집들은 새로운 카페와 식당들로 단장하고 오래 전의 역사를 고이 간직한 채 새로운 곳으로 탄생하고 있다.

역사가 오래된 도시들은 도로가 불편하다. 넓은 도로도 없고 복잡해서 차도 자주 막힌다. 하지만 이런 도로를 걷다보면 볼 것도 많고 아기자기한 가게들도 많다. 외국인들이 놀러오는 주요 관광지는 좁고 불편한 골목들이다. 국내고 해외고 넓고 쭉 뻗은 대로에는 관광객이 잘 오지 않는다. 약간은 불편하고 복잡한 곳이 관광객들에게는 걸음을 느리게 만들고 새로운 것을 발견하는 재미를 준다.

한때 구도심은 낡고 치안이 좋지 않다는 인식 때문에 가격이 저렴했다. 하지만 최근 도시 곳곳에서 구도심의 가격이 상승하고 있다. 투자자들이 구도심으로 몰리고 있기 때문이다. 그리고 오래된 곳이니만큼 추억을 공유할 수 있다. 과거가 남아 있는 곳에 새로운 가게들이 모여 과거와 현재가 어우러진 공간이 된다. 주변에 낡은 곳이 있다면 이 장소를 어떻게 변화시킬 수 있을까 고민해보자. 거기에 답이 있다.

휴식

● .... ●

스타벅스는 왜 편안할까

스타벅스의 콘셉트는 집과 회사가 아닌 제3의 공간이다. 집과 회사만 왔다갔다하는 직장인들에게 짧지만 휴식처를 제공한다는 뜻이다. CEO하워드 슐츠도 "우리는 커피와 공간을 판다"라고 말할 정도로 스타벅스는 미디어 마케팅보다는 공간과 사람에 집중한다.

스타벅스의 매장은 인테리어 비용 면에서 보면 꽤나 합리적이다. 인테리어에 크게 힘을 주지 않았지만 스타벅스 고유의 느낌을 전달해주기 위해 노력한 흔적이 곳곳에 보인다. 기본은 나무를 최대한 활용한다는 점이다. 테이블도 의자도 나무를 최대한 활용하고 나무색을 곳곳에 노출한다. 액자와 창문의 블라인드조차도 나무로 만들어 나무로 둘러싸인 느낌을 제공한다. 테이블은 최대한 동그랗게 만들어 부드러움을 주고 카운터를 비롯한 곳곳에 곡면을 넣어 부드러움을 느끼게 하고 예민한 사람의 피로를 덜어준다. 전등은 주황색을 많이 쓰는데 최대한 안에서 밖을 또는 벽을 향하게 해서 노란 불빛이 퍼지게 보인다. 이 불빛은 흰 불빛과 다르게 편안함을 제공한다.

우리가 숲속에 앉아 있으면 커피 한 잔과 책 한 권이 생각나듯이 힐링의 느낌을 주려고 노력한다. 그러면서도 최대한 큰 창을 외부에 넣어 자연이 아닌 도심 속에서 내가 쉬고 있음을 느끼게 한다. 지점에 따라 다르지만 천장을 보면 바람이 부는 모습을 담은 곡선의 나무 물결 장식을 걸어놓은 곳도 있다. 테이블의 배치도 한 몫을 한다. 테이블은 최대한 벽으로 배치한다. 가운데에 있는 테이블은 그 수를 최소화해서 가급적 거리를 두려고 노력한다. 벽 근처의 테이블에 앉아 있으면 옆 사람의 테이블과 거리는 가깝지만 카페 전체로 들어오는 시야에는 테이블 간격이 넓은 것처럼 보인다. 그 외에 바닥이나 벽면, 외관은 모던하면서도 클래식하게 꾸몄다.

지점마다 모습이 조금씩 다르지만 공통적인 특징을 꼽자면 인테리어가 자극적이지 않아 부담스럽지 않다. 누가 봐도 촌스럽지 않고 누가 봐도 화려하지 않다. 그래서 매일매일 오기에도 부담스럽지 않아 좋다. 사람에 따라 호불호가 있는 인테리어도 아니다. 어떤 카페들은 사람들을 끌어들이기 위해 과한 느낌의 인테리어를 보여준다. 매일 가고 싶은 느낌을 주지는 않는다. 스타벅스의 공간 철학은 집과 회사 같은 매일 가는 공간 속에서의 휴식이다.

그래서 하워드 슐츠는 공간을 판다고 말했다. 고객들은 커피만 사는 것이 아니라 스타벅스라는 공간에서 힐링을 받는 것이다. 그래서인지 관광지에 가면 특색있는 카페가 많이 있음에도 사람들은 스타벅스를 찾는다.

관광을 하는 이유 또한 도시에서 떠나 휴식을 취하고 싶기 때문이다. 스타벅스를 한 번 가본 사람은 자꾸 스타벅스를 가게 된다. 걸출한 바리스타가 있는 해외에서는 스타벅스가 처음에 고전을 했다. 하지만 사람들은 커피 맛만 보러 오는 것이 아니다. 스타벅스는 커피 강국에서도 매장 수를 늘려나가고 있다. 10년 전에도 '카페가 너무 많다' '스타벅스 성장에도 한계가 왔다'는 말들이 많았지만 스타벅스 매장은 이전보다 더 많아졌고 주가는 10년간 7배 가까이 올랐다.

그동안 우리는 음식은 맛있으면 사람이 알아서 몰린다고 생각했지 공간까지 디자인을 해야 한다는 생각을 하지는 않았다. 하지만 공간은 제품의 브랜드 가치를 올려주고 판매를 촉진시킨다. 톰 포드가 구찌의 크리에이티브 디렉터가 되면서 옷만 디자인하는 것이 아니라 매장도 디자인했다. 옛 속담에 이런 말이 있다. "보기 좋은 떡이 먹기도 좋다."

시간

속도는 공간을 압축한다

서울에서 부산까지 거리는 약 400km다. 이 수치는 시간이 지나도 변하지 않는다. 하지만 서울에서 부산까지 가는데 걸리는 시간은 점점 줄어들고 있다. 조선시대에는 부산에서 한양까지 14일을 꼬박 걸어야 했다. 그러나 이제 자동차로는 4시간 30분, KTX는 2시간 40분, 비행기는 55분이 걸린다. 도로가 새로 생기거나 교통수단이 발달하면 물리적인 거리는 그대로여도 시간은 압축된다.

시간이 압축되면 어떠한 변화가 생길까? 이동시간이 줄어들면 직장이 먼저 변한다. 1박 2일로 출장 보낼 일을 하루 내에 다녀올 수 있게 된다. 숙박비가 절약되고 하루의 인건비가 절약된다. 이런 비용감소는 생산성 향상으로 연결되고, 국가적인 생산성 향상은 GDP 증가를 불러온다. 도로교통망이 빠르게 발달될수록 그 나라의 GDP는 빠르게 성장한다. 도로나 교통수단의 확장이 한계에 오면 GDP 증가세도 둔화되기 시작한다.

출근 시간이 압축되면 어떤 변화가 생길까? KTX가 개통되고 나서 천안의 대학교 인근 하숙과 원룸은 어려움을 겪었다. 수도권의 학생들이 천안에서 자취를 하지 않고 KTX를 타고 통학했다. 서울역에서 천안·아산역 KTX는 30분 걸리고 1호선 급행을 타고 천안으로 갈 수도 있었다. 직장인들에게도 교통의 발달은 거주지역에 많은 영향을 준다. 외곽에서도 서울로 출퇴근이 가능해진다. 동탄역 SRT가 개통되고 나서 동탄에서 서울로 출퇴근하는 이들이 늘었다. 저렴한 비용으로 새 아파트에서 살면서 서울 직장을 다닐 수 있었다. 그러면 수요가 늘면서 이 지역 가격이 올라간다. 반대의 경우도 생긴다. 수서역에 살면 동탄, 평택, 세종시가 직장이어도 출퇴근이 빨라진다. 서울에 살면서 지방으로 직장을 다닐 수가 있게 된다. 그래서 교통이 발달하면 그 지역 주택가격이 상승한다.

상가도 그럴까? 빨대효과가 벌어진다. 판교, 동탄, 광교는 교통이 좋아지면서 서울과 접근성이 좋아졌다. 그럼 상권은 어떻게 될까? 주거와 달리 상업은 이야기가 다르다. 좋아진 교통 덕분에 서울로 쇼핑을 하고 오게 된다. 사람의 심리는 기왕이면 더 큰 곳에서 쇼핑을 하려는 마음을 가지고 있다. 작은 곳에서 쇼핑을 하는 것보다 큰 곳에서 쇼핑을 하면 내가 원하는 제품이 많아 선택의 수가 늘어나고 비용도 저렴할 것이라는 생각을 한다. 이런 이유 때문에 교통이 좋아지면 외곽 지역의 주말 장사가 쉽지 않다. 반대로 지하철 노선이 확장되고 이동시간이 짧아질수록 서울의 상권은 살아나게 된다. 고속버스터미널이나 기차역 근처에 백화점이 있는 이유다. 시공간의 압축은 서울로 부를 집중시킨다.

공간의 개념을 생각해보자. 이전에는 1층 주택이 대부분이었다가 1970년 강남 개발로 아파트가 주류를 이뤘다. 땅 위에 한 집이 사는 것이 아니라 층이라는 개념이 생기면서 한 공간에 10~50세대가 입체적으로 쌓여 살고 있다. 만약 아파트라는 것이 없거나 사람들이 싫어해서 아파트가 아닌 1층 주택이 서울을 덮었다고 생각을 해보자. 수도권 전체를 집으로 덮어도 주택이 부족했을 것이다. 다행인 것은 아파트가 부의 상징이 되면서 많은 부자들이 주택에서 아파트로 이동했다.

하지만 공간이 압축되는 속도보다 서울로 사람이 모이는 속도가 더 빨랐고 이내 서울의 공간은 부족해졌다. 그래서 1기 신도시, 2기 신도시를 만들고 사람들을 분산시키려고 한다. 집은 서울 외곽이지만 직장은 서울에 있기 때문에 신도시를 만들 때는 교통혁명이 반드시 따라줘야 한다.

1기 신도시의 경우 입주가 완료된 이후에 지하철이 들어와서 한동안 사람들은 출퇴근에 불편함을 겪었다. 이후 지하철이 들어오면서 신도시가 자리 잡았다. 2기 신도시 또한 교통이 마련되지 않은 상태에서 사람들이 먼저 입주했다. 입주한 지 5년이 지났지만 아직 약속한 GTX는 개통되지 않았다. 3기 신도시도 입주계획이 먼저고 교통망 개통은 몇 년이 지나야 기대해볼 수 있다.

사람들이 서울로 몰려드는 속도가 매우 빠르기 때문에 그 속도를 교통망 확충이 따라가지를 못하는 현상이 발생한다. 다만 이 과정에서 지금의 불편함이 머지않아 편리함으로 바뀌고 그 편리함은 가격 상승을 가져다준다는 생각을 해보면 투자자에게는 불편함이 곧 기회가 될 수도 있다.

2기 신도시와 서울을 이어줄 GTX는 시간과 공간을 한 번 더 압축한다. 우선 GTX는 지하 50m보다 더 깊은 곳에서 건설된다. 현행법상 지하 50m 아래는 토지주의 소유영역이 아니기 때문에 보상금을 주지 않아도 된다. 지하에서 공사를 하는 수고로움과 비용이 발생하지만 서울을 이리 저리 뚫어도 보상비가 발생하지 않아 자유로운 철도망을 만들 수가 있다. 서울과 수도권을 연결할 수 있는 철도망이 누구의 방해도 받지 않고 여러 노선으로 확장될 수 있다는 점 때문에 GTX는 서울 인구를 수도권으로 분산시켜줄 것이라 보고 있다.

동탄에서 삼성까지 가는 GTX가 가장 빨리 선 보일 예정으로 있다. 개통이 되면 동탄역에서 삼성역까지 20분이 걸린다. 서울 웬만한 곳보다 동탄에서 강남의 심장부로 가는 시간이 더 짧게 걸리는 일이 생긴다. 우리가 알던 물리적인 거리는 의미가 없고 이동시간이 도시를 재편성한다. 그래서 GTX는 개통 이후 많은 지도를 바꿀 것으로 보고 있다. 3기 신도시 계획에 GTX 예정지를 포함한 것도 같은 이유로 보고 있다.

하지만 이전의 사례에서도 알 수 있듯이 GTX역 주변은 인근 주거지를 압축시키는 결과로 인해 주거지 가격이 상승하겠지만 상권은 지방의 GTX역이 아닌 서울의 GTX역으로 집중될 것이다. 노선 A와 B가 만나는 서울역, A와 C가 만나는 삼성역, B와 C가 만나는 청량리역은 지금도 그렇지만 앞으로 더 큰 상권을 형성하고 주요 업무 중심지로 자리할 가능성이 높다.

투자자는 공간과 시간의 거리가 일치한다는 생각을 버려야 한다. 과거와 현재가 뒤엉켜 미래가 되고 공간은 지상에서 지하로 압축이 되고 이동거리는 속도에 따라 이동시간에 왜곡을 가져온다. 그 왜곡의 틈에서 모래먼지가 날릴 때 투자자에게는 기회가 온다. GTX가 개통되고 이를 눈으로 보고 체험을 한 다음에 투자를 결심하고 나면 이미 늦은 경우가 많다.

세금

기형적인 주택을 만들어낸 세금

지금도 주택에 대한 규제가 과하다고 말하지만 예전에도 주택에 대한 규제는 있었다. 동양에서는 2천 년 전에도 집 한 채당 세금을 물리는 바람에 온 가족이 한 집에 사는 대가족이 만들어졌고, 서양에서도 우리는 이국적이라고 부르는 집 모양들은 세금을 피하기 위해 만들어진 기형적인 주택인 경우가 많다.

영국의 찰스 2세는 전쟁자금 조달을 위해 난로당 2실링의 난로세를 거두었다. 집이 클수록 난방을 위해 난로가 더 많이 필요하니까 난로세가 부자세라고 생각을 한 것이다. 하지만 난로를 크게 만들어 화력을 높이고 수를 줄이거나 하는 방법도 있었고, 가난해도 난로가 있으면 세금을 내야 했기 때문에 난로의 수가 부자의 상징이라고 할수 없었다. 더구나 난로를 확인하려면 공무원이 집을 확인하러 안으로 들어가야 했다. 이렇게 불편함이 많은 난로세는 1662년에 시작되어 20여 년 간 지속되다 1688년에 폐지됐다.

창문세는 원래 프랑스 필립 4세가 시도했다가 폐지된 정책인데, 영국 윌리엄3세가 전쟁비용을 조달하기 위해 1696년에 부활시킨 정책이다. 1600년대에 유리는 굉장히 고가였는데 집에 창문이 있다는 것은 부유한 귀족들의 집이었다. 물론 집이 클수록 유리창도 많았다. 그래서 만들어진 부자세라고 볼 수 있다. 창문 6개까지는 면세, 7~9개는 2실링, 10~19개는 4실링의 세금을 매겼다. 그러자 영국인들은 집의 창문을 막아 빛이 들어오지 않는 집으로 만들어 버렸다.

세금을 피하기 위해 면세범위인 6개까지만 창문을 트고 아래 세입자 집은 창문을 다 막아버리거나 일부만 남기는 선택을 했다. 이러면 세입자들은 빛도 들어오지 않는 집에서 살아야 하니 건강에 악영향을 받는다. 이 영국의 창문세는 150년간 유지되었고, 프랑스도 다시 창문세를 부활시킨다. 프랑스는 편법을 막기 위해 창문의 폭으로 세금을 매겼다. 그래서 프랑스 건물은 창문의 폭이 좁고 높이가 긴 창문이 등장한다. 집의 모양을 세금이 결정한 경우다.

유럽의 돈이 몰리며 인구밀도가 높았던 네덜란드도 한 사람이 많은 땅을 소유하는 것을 막기 위해 세금을 부과했다. 커튼 길이에 따라 커튼세를 물리고, 계단 층수에 따라 계단세를 부과하고, 건물폭에 따라 건물세를 거뒀다. 그래서 이상한 모양의 네덜란드 건물이 탄생한다. 건물폭이 좁고, 창문도 좁고, 건물끼리 붙어 있는 모양새다.

국가는 하고 싶은 일이 많다. 더 강해지고 싶고 더 많은 복지를 제공하고 싶어 한다. 그러기 위해서는 많은 돈이 필요하고 세금을 늘려야 한다. 세금을 늘린다는 것은 함부로 하기 힘든 일이다. 프랑스에서도 세금을 올린 것이 단초가 되어 루이 16세 목이 단두대에 잘려나갔다. 세금을 올리면 봉기가 일어나기 쉽다. 그래서 권력자는 세금을 올리면서도 국민들의 지지를 받을 수 있는 방법을 찾는다. 부자세가 가장 좋은 예다.

부자세는 주식과 부동산을 가리지 않고 점점 늘어나고 있다. 특히 부동산은 살 때 취득세를 내고, 보유하면 가격에 비례해 재산세를 납부하고, 부자세에 해당되는 종합부동산세도 납부한다. 부동산을 팔면 수익이 확정되니 세금이 또 붙는다. 양도소득세라고 불리는 이 세금은 보유기간과 여러 규제, 감면 규정에 의해 결정된다. 현재 국가는 다주택을 막기 위해 다주택자에 대해서는 더 강도 높은 양도소득세를 내게 하고 있다.

이런 세금의 변화는 주택에 어떤 변화를 줄까? 매매를 하면 세금 손실이 나기 때문에 집을 팔지 않고 증여, 상속을 해주는 사례가 늘고 있다. 또한 지역에 따라 규제가 다르기 때문에 규제가 없는 지역으로 매수가 몰리는 모습을 보여준다.

다주택자는 많은 규제를 받기 때문에 애매한 2채를 갖는 것보다 비싼 1채를 가지려고 한다. 지방의 한 채는 팔고 서울의 한 채는 지키려고 한다. 서울의 주택은 수요가 늘어나고 지방은 수요가 줄어든다. 일본의 시골마을처럼 지방에는 빈 집이 늘어나는 공동화 현상이 벌이질 수 있다. 반면 서울의 집값이 늘어나면 청년들의 거주문제가 심각해질 수 있다. 올라가는 집값만큼 결혼하는 나이가 늦어지고 저출산이 심해진다. 미국의 실리콘밸리처럼 캠핑카에서 숙식을 해결하는 모습이 나올 수도 있다.

벌고 남는 돈이 있어야 잉여자산이 생긴다. 잉여자산이 생기는 만큼 행복감을 가지고 삶을 계획해나간다. 부동산 가격이 오르고 살인적인 월세가 현실화되면 남는 돈이 없고 행복감은 사라지고 삶은 무의미해져 간다. 사회적 갈등이 유발되면 해외의 사례처럼 문제가 심각해질 수 있다.

5장

투자자에게 영감을 주는 영화

빅쇼트

주식투자를 한 사람치고 안 본 사람이 없다는 영화 〈빅쇼트〉는 옴니버스 구성이지만 이들의 공통점은 하나다. 여기에 나온 인물들은 모두 증시가 과열된 상태이고 곧 폭락할 것이라고 믿고 있다. 그러나 다른 이들은 이들의 말을 믿지 못하고 조롱한다. 실제로 증시는 더 과열된다.

하락을 외쳤던 주인공들이 말했던 공통적인 문제는 채권이다. MBS와 CDS가 문제가 되었는데 MBS는 주택저당증권(Mortgage Backed Securities)을 말한다. 우리가 은행에서 집을 담보로 대출을 받으면 빚문서인 채권이 생긴다. 은행은 이 채권의 원금과 이자를 회수하려면 보통 10~30년이 걸린다. 그래서 이 채권을 되팔아 현금을 보충한다. 보충한 현금으로 다시 또 대출을 해주면서 무한수익을 낼 수 있다. 주택담보대출 채권이니 안전하고 고수익이라고 생각한 투자자들과 이를 팔려는 은행을 연결해주는 곳이 MBS 중간거래업소다. 이 당시에 한국도 아파트 담보대출 금리가 7~8%가 되었기 때문에 MBS 투자는 쏠쏠한 수익을 안겨주었다.

아파트 가치 대비 대출비중이 굉장히 높은 위험한 담보대출은 이율이 더 높다. 하지만 집값이 상승하는 시기다 보니 집을 팔아서 대출을 갚으면 되는데 뭐가 문제냐고 생각하는 시기였다. 집값이 떨어지면 이 과도한 대출은 회수불능이 되면서 MBS는 휴지조각이 될 수도 있었다.

여기에 분산투자는 안전하다는 개념을 도입했는데 여러 대출채권을 섞어서 만들면 한 두 개가 문제가 생겨도 나머지는 문제가 없으니 안전하다는 이론으로 만들어진 신용파생상품이 CDO(Collateralized Debt Obligation)다. 출처를 알 수 없을 정도로 다져진 채소와 고기를 섞어 만두라는 상품을 만들어낸 것이다. CDO는 우량한 등급에 따라서 최우량, 우량, 비우량, 에쿼티로 나뉜다. 여기에 신용보증기관이 보증을 얹어서 채권에 대한 안정성을 더해준다. 그리고 CDO에 CDO를 섞어서 새로운 파생상품을 만들어낸다. 상한 만두를 조합해 떡만둣국, 만두튀김, 떡볶이, 무침, 탕수육을 만들어 뷔페에 진열했다고 생각해보자. 부동산 가격이 하락하기 시작하면 피해가 걷잡을 수 없이 번질 것이다.

결국 이 사태는 2007년 여름 서브프라임사태를 불러왔고 2008년 9월 투자은행 리먼 브라더스가 파산하면서 전세계 금융시장에 큰 손실을 안겨줬다.

이를 2005년에 예상했던 마이클 버리는 MBS채권에 대한 공매도를 걸었지만 월가의 모럴 헤저드는 끝을 모르고 심화됐고 마이클과 하락에 걸었던 다른 투자자들 모두 괴로운 시간을 보낸다. 그러다 2007년 서브프라임 사태가 발생하고 다음해 리먼브라더스가 파산하면서 이들은 큰돈을 번다.

이 영화에서 우리가 캐치해야 할 부분은 시장에 오류가 있다고 판단해도 시장은 관성의 법칙이 있어 한동안 방향을 유지한다는 것이다. 파티가 절정에 오르고 있을 때는 어떤 경고도 잘 들리지 않는다. 문제가 심각해졌음을 느낄 때는 이미 늦은 경우가 많다. 그래서 오류를 발견했다고 해도 내가 생각하는 대로 지수가 움직이는 것은 생각보다 시간이 많이 소요될 수 있다는 것이다.

2020년 증시가 내릴 것이라고 '곱버스'라고 불리는 인버스ETF 상품에 돈을 걸었던 많은 이들이 큰 손실을 냈다. 코로나가 해결되지 않고 실물경기는 죽어갔지만 증시는 떨어지지 않았다. 모두가 이상하다고 말했지만 정부는 돈을 풀었고 증시는 오히려 사상 최고치를 향해 올라갔다.

두 번째는 모두가 바라보는 반대편에 투자하면 큰돈을 벌 수도 있지만 그에 대한 심적 고통이 엄청나다는 것이다. 사람은 무리에서 낙오되는 것을 무서워한다. 인간은 맹수의 공격에 살아남기 위해서 무리생활을 했다. 혼자서 사자와 만나면 사망확률은 100%에 가깝지만 100명이 무리를 지으면 사자 떼를 만나도 사망확률이 1%가 된다. 사자 무리는 도망치다가 낙오된 한 명만 공격을 하기 때문이다. 그래서 본능적으로 낙오를 두려워 한다.

그런데 투자는 그렇지가 않다. 오름이 있으면 내림이 있고, 내림이 있으면 오름이 있다. 모두가 오르는데 베팅을 하면 더는 주가를 올려 줄 사람이 없고 곧 하락하게 된다. 모두가 하락을 생각하면 어느덧 바닥이 다져지고 주가는 다시 오르게 된다. 그래서 모두가 상승이라고 외칠 때 팔아야 하고 모두가 끝났다고 할 때 다시 눈여겨 봐야 한다.

조선주, 철강주는 2007년 최고 정점을 찍고 주가가 하락하다가 2011년에 잠시 반등을 주고 9년간 밑으로 내려갔다. 70만원이 넘던 포스코 주가는 13만원까지 내려갔고, 글로벌 철강회사인 아르셀로 미탈과 미국의 US스틸은 95%까지 하락했다. 조선주도 80%이상 하락했다. 모두가 철강과 조선은 끝났다고 말했다. 그런데 이 주식들은 실물경기가 최악이라고 생각했던 2020년 코로나 위기 중에 올랐다. 유동성의 힘도 있었겠지만 조선주, 철강주 모두 바닥을 다졌기 때문에 이제 오를 때가 된 것 뿐이다. 이 업종들은 혹독한 구조조정을 거쳐 살아남은 기업들만 남은 상태였다.

선박 산업은 5년의 호황과 10년의 불황의 주기를 가지고 있다. 2007~2011년의 호황기, 2011~2020년의 불황기를 거쳐 이제 호황기로 접어들고 있었고, 철강은 17년 주기를 거친다. 2007년에 정점을 찍었으니 2024년에 정점을 찍으러 올라가고 있다. 이를 한센주기라고 한다.

이래서 투자는 새옹지마라는 말이 가장 잘 어울린다. 하락했다고 슬퍼하지 말고 올랐다고 기뻐하지 말라. 오히려 오를수록 공포를 느끼고 내릴수록 욕심을 부리라고 워런 버핏도 말했다. 투자자의 뇌는 대중과 달라야 한다는 말이다.

명량

●...●

12척의 배로 133척과 싸우려면

한국 역사상 가장 훌륭한 위인이 누구냐고 물으면 대부분 1위로 꼽는 인물이 이순신 장군이다. 임진왜란을 이겨낼 수 있게 한 1등 공신으로 해전에서 한 번도 진 적이 없는 전무후무한 인물이다. 이순신 장군의 전략이 가장 잘 살아난 전투는 한산도 대첩이겠지만 가장 극적인 승리는 명량해전이라고 할 수 있다. 원균이 대패하여 몇 남지 않은 12척의 배로 일본의 133척과 싸워 큰 승리를 이끈 이 전투 덕에 일본은 보급로가 끊기고 평양까지 올라갔던 일본 육군은 후퇴를 하게 된다. 어떻게 12척으로 그런 큰 승리를 할 수가 있었을까?

『칼의 노래』라는 책을 읽고 진도의 회오리바다를 표현한 글이 기이하여 직접 차를 몰아 우수영에 간 적이 있다. 한때 우수영 건너편에 있는 진도에 근무했을 적에 이 울돌목 이야기를 참 많이 들었다. 물살이 보기에도 빠른데 실제로는 더 빨라 객기로 수영을 하다가 급류에 쓸려간 사람들이 많다는 이야기들이었다. 바다를 보면 정말 급류가 흐르는 곳이 잘 느껴졌다. 노를 저어도 배가 나아갈 수 없을 거라는 느낌이 든다. 그래서 12척의 배로도 상대를 해볼만하였겠다는 생각이 들었다.

영화에서 보듯 이미 대패한 조선의 수군은 겁을 잔뜩 먹고 있었지만 이곳은 병력과 병력의 대결이 아니라 병력과 지형지물의 싸움이었기 때문에 전력의 차가 중요한 곳이 아니었다. 물살이 조선의 편이 되도록 시간을 잘 끌어주고 버텨만 준다면 승산이 있는 곳으로 소수의 병력으로 다수를 이길 수 있는 좋은 위치였다. 결과는 대승이었다. 우리 배는 한 척의 손상 없이 적의 배 31척을 침몰시켰다. 만약 조선의 수군규모가 더 컸다면 적을 전멸시켰을 수도 있었을 것이다.

배는 해류와 바람을 잘 타면 노를 젓지 않고도 나갈 수가 있다. 투자도 마찬가지다. 돈의 흐름만 잘 타면 적은 돈으로도 큰 이익을 낼 수 있다. 즉, 돈이 없어도 투자를 무조건 해야 하는 시기가 있고, 돈이 아무리 많아도 투자를 하면 안 되는 시기가 있다.

금리가 상승하는 시기는 주식이든 부동산이든 오르는 대세상승기이므로 이때는 돈이 100만원밖에 없더라도 투자를 해야 한다. 내가 하지 않아도 남들은 이때 투자를 해서 자산을 두 배씩 불려버린다. 그냥 축하해주면 되는 일이라고 생각하겠지만 재화는 한정적이고 이를 가질 수 있는 사람은 정해져 있다. 나라에 10억을 가진 사람이 단기간에 두 배로 늘어나면 집값은 어떻게 될까? 갑자기 올라간다. 남들이 돈을 벌 때 같이 벌지 못하면 나는 내 집 마련과 점점 멀어지게 된다.

반대로 금리가 하락하는 시기에는 투자를 조심해야 한다. 과감한 투자를 하다가 이때 돌이킬 수 없는 상황에 처한다. 투자의 규모를 줄이고 방어적인 투자 위주로 해야 한다. 가장 위험한 시기는 금리가 상승하다가 하락으로 바뀌는 구간이다. 이 때, 증시나 부동산이 크게 하락하는 경우가 많다. 이를 대비해 미리 현금을 충분히 쌓아둔 사람은 오히려 이를 기회로 공격적인 투자가 가능하다.

결론은, 투자는 때에 맞춰 해야 한다. 경기가 좋아지고 금리가 상승하는 시점, 유동성이 공급되는 시점, 정책이 시작되는 시점에 같이 들어가야 하고 금리가 정점에 있고, 유동성이 닫히고 정책이 끝나가는 시점에는 빠져 나와야 한다. 싸워야 할 때와 싸우지 말아야 할 때를 아는 장수가 승리를 할 수 있듯이 돈이 들어갈 때와 나와야 할 때를 잘 알고 싸우면 적은 돈으로도 큰 수익을 낼 수 있다.

터미네이터 & 킹스맨

우리가 두려워하는 것

인류는 공포를 느끼면서 탄생했다. 사냥을 하던 수렵채취기에는 추위와 맹수의 공격에 대해 두려워했고, 경작생활을 한 이후부터는 기후에 대해 두려워했다. 그래서 태양, 비, 홍수 등 전 세계 곳곳에 이에 대한 신화가 많이 존재한다. 인간은 두려워 하는 것에 대한 공포, 정보, 해결책, 예언 등에 관심이 많다.

대중이 두려워 하는 것을 주제로 삼는 영화 장르가 있다. 그런 영화 중에 관객 수가 많은 영화가 공상과학영화들이다. 실제로 존재하지 않거나 볼 수 없는 것들을 주제로 영화를 만들어야 사람들에게 인기가 많다.

〈어벤져스〉〈킹스맨〉〈터미네이터〉〈백투더퓨처〉〈아일랜드〉 등 모두 미래 과학의 부작용에 대한 두려움을 담고 있다. 과학은 인간세상을 편리하게 만들지만 편리한 만큼 통제가 쉬워지고 부작용 또한 낳기 마련이다. 예를 들어 인간보다 더 뛰어난 AI를 만들면 인간이 노력하지 않고도 세상을 더 편하게 발전시킬 수 있을 것이라고 생각하지만 AI가 인류를 지배할 수도 있을 거라고 우려한다. AI가 판도라의 상자가 될 수 있을 것이라 생각하는 이들이 많다.

'판도라의 상자'는 그리스 신화에서 나왔다. 프로메테우스가 신들만 가질 수 있는 불을 인간들에게 준 것을 못마땅해한 제우스는 인간들을 곤경에 빠뜨리고 싶어했다. 그래서 신들의 능력으로 만든 아름다운 여인인 판도라를 프로메테우스 동생 에피메테우스에게 아내로 보낸다. 제우스는 판도라에게 작은 상자를 주면서 신들이 인간에게 주는 선물이지만 절대 열어보지 말라고 말한다. 판도라는 궁금증을 이기지 못하고 이를 열어보았고 그 순간 욕심, 시기, 질투, 슬픔, 복수 등의 감정이 세상으로 쏟아져 나왔다. 놀라서 상자를 닫자 남은 것은 희망뿐이었다. 판도라는 그 희망을 세상에 같이 던져주었다.

〈터미네이터〉 시리즈 중 '제니시스'는 한국 배우 이병헌이 출연한 것으로도 유명하다. 특히 스카이넷이라는 설정은 꽤나 흥미로웠다. 실제로 불가능한 일도 아니기 때문이다. 세상은 인터넷으로 연결되어 있고 이를 AI가 침투해서 모든 명령을 조절할 수 있다면 사이버 세상은 AI에게 넘어가고 인류는 큰 혼란을 겪을 수도 있다. 〈터미네이터〉와 〈어벤져스〉의 이야기는 인간이 AI를 과연 잘 통제할 수 있느냐에 대한 의문을 제기한다. 영화에서도 현실에서도 통제가 가능하다고 말은 하지만 앞으로도 그럴 수 있을지에 대한 공포는 항상 남아 있다.

〈터미네이터〉가 처음 나온 34년 전만 해도 로봇에 대해 기대를 크게 하지 않았다. 로봇이 걸음을 걷게 된 것이 불과 몇 년 전의 일이고 아직 상용화도 되지 않고 있다. 하지만 로봇기술은 꽤 빠르게 움직이고 있고 통신, 빅데이터, AI 기술이 같이 발달함에 따라 인간의 수준을 뛰어넘는 로봇이 등장할 것이라는 것은 누구나 예상하고 있다.

〈킹스맨〉이라는 영화는 베리칩을 주제로 하고 있다. 인간에게 베리칩을 심으면 인간의 속마음을 알 수 있고 통제도 가능하다는 것이다. 실제로 기술적으로는 구현 가능한 일이 되어 가고 있다. 이 기술이 현실로 실현되면 인간을 통제하는 권력자가 등장할 것이라는 두려움이 동시에 깔리기 시작했다.

코로나19로 인해 확진자의 동선이 중요해지면서 국가들은 국민을 통제하기 시작했다. 확진자가 나오면 스마트폰의 위치 추적을 통해 그 시간대에 한 공간에 있었던 사람들을 조회하고 그들을 추적하여 격리를 시켰다. 긴급상황에서 그렇게 하는 것이 당연하기 때문에 현재는 이해를 하고 있지만 코로나 위기가 끝나고 평시로 돌아오면 권력자는 이 기술을 계속 유지하고 싶어 할 것이다. 새로운 평계를 찾고 이 기술을 계속 발전시키려는 시도를 하는 나라가 나올 것이라 본다.

투자자는 그 두려움은 잠시 뒤로 하고 투자의 관점으로 봐야 한다. AI든 로봇이든 베리칩이든 투자자가 할 수 있는 일은 투자뿐이다. 두렵다는 말을 반대로 뒤집어 보면 성장속도가 빠르다는 것이고 투자가 매력적이라는 말이기도 하다. 그래서 두려움에 투자를 해야 한다.

AI기술이 가장 뛰어난 곳은 알파고로 유명한 구글이다. AI는 스스로 학습하는 능력이 있기 때문에 빠른 속도로 성장하고 활용도가 높다. 아이폰을 제외한 전세계의 스마트폰들은 구글의 안드로이드 시스템을 기반으로 하고 있고 여기에서 얻어지는 정보들은 구글의 지적재산이 된다. 이 빅데이터를 AI에 집어넣으면 AI는 엄청난 능력을 갖게 된다. 2015년에는 인간의 두뇌를 이길 수 없다고 불린 바둑에서 승리를 거두었고 지금은 6년이 더 지났다. AI의 능력이 어디까지 상승했을지 아무도 알지 못한다.

애플은 아이폰을 기반으로 소프트웨어를 지배하고 있다. 안드로이드에 대항할 수 있는 유일한 곳이기 때문에 아이폰이 수집한 빅데이터도 꽤 될 것이다. 구글과 애플의 특징은 스마트폰과 연관 있는 기업이라는 점이다. 우리는 항상 스마트폰을 들고 다녀 시간과 장소에 대한 정보를 감시당하고 있고 검색을 통해 나라는 사람의 정보와 관심사를 모두 노출시키고 있다. 그래서 인터넷을 하면 나에게 맞춤으로 제공되는 타깃광고를 보게 되고 소비가 늘어나게 된다. 스마트폰 소프트웨어를 지배하는 기업이 미래를 지배하게 된다. 카카오, 네이버의 주가가 급상승한 이유이기도 하다.

테슬라는 전기차가 주목을 받고 있지만 미래의 자율주행차를 내다보고 있다. 자율주행차는 많은 빅데이터를 필요로 한다. 이 정보들이 수합되고 나면 이 차는 주인의 취향에 맞는 서비스를 제공할 것이다. 차 안에서 원하는 영화와 음악을 틀어주고, 원하는 맛집과 여행지로 데려다 준다. 테슬라의 추천을 받기 위해 영화, 쇼핑, 음악, 식당들은 테슬라에게 돈을 지불해야 한다. 한국에서는 티맵이 이런 시도를 보이고 있다.

그러면 이 기업들의 주가가 왜 이렇게 상승했는지 이해할 수가 있다. 이제 이것들이 현실로 다가오는 시점이 얼마 남지 않았다는 신호일 것이다. AI가 곧 삶으로 깊숙이 다가오면 그들이 시장을 장악하는 만큼 경쟁에서 밀려나는 산업들이 있을 것이다. 투자자는 고민을 해야 한다. AI와 같은 팀이 될 것인지 AI와 적이 될 것인지.

에비타

아르헨티나의 두 얼굴

아르헨티나에서 가장 유명한 도시 부에노스아이레스에 가면 에바 페론의 무덤을 볼 수 있다. 에바 페론은 후안 페론 대통령의 영부인이다. 아직도 아르헨티나 노동자와 빈민층 사이에서는 성녀로 추앙받고 있다. 반대로 세계 경제 4대 강국 중 하나였던 아르헨티나를 부도내고, IMF에 수차례 돈을 빌리게 만들 정도로 경제를 망가뜨린 사람 또한 에바 페론이라는 극단적인 평가를 받고 있다.

에바 페론에 대해 긍정적인 평가를 내려 보자. 노동자와 빈민층에게서 추앙받을 수 있었던 것은 그녀가 가난의 역경을 딛고 영부인까지 올라간 입지전적인 인물이기 때문이다. 1919년 팜파스 대초원의 시골마을에서 태어났는데 아빠는 농장 주인이고, 엄마는 농장 요리사였다. 그녀는 사생아로 태어났다. 당연히 가난속에서 불우한 어린 시절을 보냈지만 배우의 꿈을 가지고 도시로 나가 탱고 댄서로 일을 한다. 그 후 부에노스아이레스로 가서 연극배우, 잡지모델, 성우, 영화배우로 성공을 해나간다. 그러다 후안 페론 대령을 만나게 되는데, 후안 페론은 노동부장관을 거쳐 군사쿠데타를 통해 부통령에 이어 대통령까지 오르게 된다. 에바 페론은 후안 페론이 노동자와 하층민들에게 후한 정책을 펼칠 수 있게 했다. 그녀도 보건부 장관을 하며 스페인의 가난한 아동들을 위해 구호활동도 하고 프랑스에 식량지원도 했으며 여성 페론당을 결성하여 여성 참정 도입 등 여성운동도 열심히 했다. 기업에게 돈을 받아 에바 페론 재단을 만들고 학교, 병원, 양로원 등을 짓고 자선사업을 하며 민중의 지지를 받지만, 군부와 부자들과는 관계가 멀어져 갔다.

여기까지가 에바 페론이 잘한 일이다. 빈민들을 위해 좋은 일을 많이 한 것은 칭찬받을 일이다. 문제는 국가예산 규모에 맞게 이런 일을 해야 국가 예산이 유지되는데 과다한 복지지출로 국가재정이 만성적자에 시달렸다는 점이다. 이를 두고 인기에 영합하는 정책을 했다고 많은 비난을 받게 된다. 당시 아르헨티나는 세계경제 4대 강국으로 농업중심의 국가였다. 소고기, 곡물 수출로 경제성장을 이루었지만 이 돈을 바탕으로 공업국가로 변신을 해야 하는 시기였다.

공업국가가 되려면 돈이 많이 들기에 국가재정을 하나로 모아 인프라 건설을 해야 한다. 도로망 확충, 발전소 건립, 공단조성, 기업육성, 수출지원 등을 했어야 하는 돈을 복지에 다 써버리느라 농업국가에서 공업국가로 변신하는 타이밍을 놓쳐버린 것이다. 그래서 아르헨티나는 지금도 농업국가로 남아 있다. 물론 농업에 유리한 자연조건을 갖춘 나라이기 때문에 지금도 농업으로 버는 수입이 상당하다.

에바 페론은 이런 이유로 포퓰리즘 정치라는 비난을 받게 되는데 인기위주의 정책은 과도한 재정소모가 따르게 된다. 문제는 이런 정책이 소외계층의 근본적인 모순을 해결하지 못한다는 것이다. 결국 노동자들의 불만이 쌓일 수밖에 없다. 에바의 죽음과 함께 후안 페론 정권도 무너지며 막을 내렸다. 당시 에바 페론의 나이 33세였다.

에바 페론은 왜 이런 선택을 해야 했을까? 시대적 상황과 개인의 인생사가 영향을 준 것으로 보인다. 당시에는 경제대공황으로 가난한 사람이 너무 많았다. 실업자가 널렸고, 본인 또한 찢어지게 가난한 생활을 해봤기 때문에 그들의 마음을 잘 알았을 것이다. 그리고 당시 아르헨티나는 재정에 여유가 많았다. 그래서 자선사업을 하게 되었는데 노동자와 빈민들을 돕고 그들의 인기를 받으며 사랑을 충족시켜 나갔다. 후안 페론 대통령은 이를 지원하는 것이 자신의 정치적 입지에 유리하다는 것을 알았고, 적극적으로 지원했다. 자선사업, 여성권익사업을 한 것은 좋았다. 아르헨티나가 조금 빨리 했을 뿐 다른 국가들도 이후에 자선사업과 여성권익운동을 했다.

자선사업은 좋은 면도 있지만 에바 페론과 후안 페론의 비자금 축적에도 활용되었다. 인기에 힘을 입어 권위주의를 공고히 했고, 독재를 할 수 있는 힘과 비자금을 축적했다. 인기를 얻으면서도 자신들의 권력을 굳건히 할 수가 있는 방법이었다. 대신 국고가 빠르게 거덜나기 시작했다. 독재를 통해 권력을 다졌지만 반대 시위가 거세지자 군부 장악을 통해 권력을 유지하려고 했다. 그러나 이마저도 실패했다. 그래서 노동자층의 지지를 강화하기 위해 사회복지정책을 더 강화했고, 국고는 더 빠르게 탕진됐다.

찬반 논란이 많았지만 지금도 레콜레타의 묘지에는 그녀를 추모하기 위해 많은 사람들이 방문하고 있다. 그녀를 노동운동의 대명사, 사회정의를 상징하는 깃발로 여기고 있다. 반대의견도 있지만 그녀가 가난한 사람을 아끼고 사랑했던 마음만큼은 진실이었을 것이다. 그래서 국가 위기가 올 때마다 가난한 이들은 성녀 에바 페론을 그리워했고, 페론주의를 그리워했다.

그렇다고 해서 페론주의의 문제점을 안 짚을 수는 없다. 외국자본 추방, 반기업, 친노조, 무상복지, 임금인상(매년 25%)을 펴면서 일시적으로 빈부격차가 줄어들었으나 이후 지나친 재정지출로 국가경제가 파탄에 빠졌고, 에바 페론의 이름을 딴 '페로니즘'은 포퓰리즘의 대명사가 되었다. 국가 수입이 늘어나는 만큼 복지를 늘리는 것은 좋은 일이다. 많은 국가들이 이 모델을 따르고 있다. 하지만 국가수입 상승분보다 복지 상승분이 커지면 재정에 부담이 간다.

시간이 한참 지나고 다시 망령처럼 페론주의가 등장했다. 크리스티나 대통령은 2011년에 집권해 8년간 페로니즘 정책을 펼쳤다. 간신히 국가부도에서 회복한 아르헨티나 경제는 다시 곤두박질쳐 악화되었다. 정책들을 보면 민간기업 국유화, 공무원 2배 증가, 연금지급 조건 완화로 수급자 150% 증가, 화폐발행 남발로 매년 30% 물가 상승 등 단시간에 국가를 망가뜨렸다.

에바 페론에 대한 평가는 관점에 따라 극단적으로 엇갈린다. 그녀의 가슴 찡하고 애절한 인생 스토리는 영화 〈에비타〉를 비롯해 뮤지컬, 만화로도 나올 정도로 많은 인기를 얻고 있고, 지금도 존경을 받는 사람인가 하면 그녀와 그녀의 남편의 정책인 페로니즘은 잘못된 경제정책의 대명사로 알려져 있다.

부에노스아이레스에 가서 대통령궁인 핑크하우스와 레콜레타 묘지를 가면 그녀의 인생과 가난한 이들을 사랑한 마음에 아름다움을 느끼게 되고, 팜파스 초원에서 벗어나지 못한 낙후된 인프라와 농업 중심 경제를 보면 안타까움을 느끼게 된다.

정치인은 국민의 투표를 받기 위해 선거 공약을 내건다. 성장공약을 내세우는 후보와 배분공약을 내세우는 후보가 있다. 재정이 불안한 나라에서 배분공약을 내세운 후보가 당선이 되면 그 나라 증시가 하락하는 일이 많다. 대표적으로 브라질과 아르헨티나가 여기에 해당한다.

2018년 브라질에서 경제성장을 공약으로 내건 보우소나루 후보가 대통령으로 당선되자 브라질 증시는 15% 이상 상승했고, 화폐가치도 15% 이상 상승했다. 배분보다는 경제성장을 중시할 것이라고 예상했기 때문에 기업들의 매력과 국가신용 상승이 이어질 것이라고 본 것이다. 2018년 10월말 당선 시기에 브라질 증시 보베스파 지수는 8만으로 시작해서 2019년 말에는 12만까지 상승했다. 1년만에 지수가 50%나 상승한 것이다.

한편, 아르헨티나의 경우 2019년 8월 포퓰리즘 진영의 후보가 대선 예비 선거에서 압승을 거두자 증시와 환율은 바로 요동쳤다. 부에노스아이레스 증시는 단 하루만에 37.9%가 폭락했고, 외환시장에서 페소화 가치는 17%가 폭락했다.

국민들의 지지와 달리 투자자의 관점에서 볼 때 포퓰리즘보다는 성장을 추구하는 후보가 주식투자에 더 유리하다는 것을 알 수 있다. 그래서 남의 나라 선거도 관심 있게 보는 것이다.

5장 투자자에게 영감을 주는 영화

라스트 사무라이

마지막 가치투자자 워런 버핏

제목에 끌려 본 영화가 있다. 〈라스트 사무라이〉다. 마지막이라는 단어는 왠지 모르게 슬픈 느낌을 준다. 일본하면 떠오르는 대표적인 이미지가 벚꽃과 검이다. 벚꽃은 밝음을 표현하지만 검은 어두움을 표현한다. 그래서인지 일본영화들은 밝은 영화는 확실하게 밝고 어두운 영화는 확실하게 어둡다. 우리나라는 어두운 영화에서도 해학적인 요소를 섞기 좋아한다. 한 편의 영화 안에서 울다가, 웃다가, 분노하는 여러 감정이 들어가 있는데, 일본은 하나의 방향을 가진다. 그래서 극적이라기보다는 잔잔한 느낌을 준다.

〈라스트 사무라이〉는 실제 역사에 약간의 가상을 더한 영화다. 권력이 도쿠가와 막부에서 왕정복고, 즉 천황파로 넘어가는 시기를 그렸다. 천황파는 서양문명을 받아들여 개혁을 추진했고, 막부는 칼로 표현되는 사무라이 집단으로, 이들 중앙군과 대립했다.

그 과정에서 아메리카 원주민을 진압한 미군 대위 알그렌이 등장한다. 일본에서 돈을 받고 천황파의 신식군대 훈련을 맡게 된다. 하지만 준비가 되지 않은 상태에서 첫 전투를 벌이게 되고 반정부군 사무라이 카츠모토에게 붙잡힌다. 군인과 무사라는 관점에서 서로 교감하게 되고 사무라이 편에 서서 총을 든 중앙군과 칼로 맞선다.

칼을 쓰는 사무라이와 신식무기인 총으로 무장한 중앙군의 전투 결과는 예상대로였다. 시대가 변하면 기존의 방식은 쇠퇴하게 된다. 콜럼버스의 신대륙 발견 이후 상업이 농업을 앞섰고, 영주의 힘이 약해지고 중산층의 힘이 커졌다. 그 힘은 프랑스 혁명을 촉발했고 민주주의의 시작점이 되었다.

이 영화에서 슬픈 점은 칼이 총을 이길 수 없을 것이라는 것을 알고 마지막 전투에 임했다는 점이다. 이기지 못할 것이라는 것을 알면서도 전투에 나서는 모습은 슬프고 인상 깊었다.

주식투자에서 가치투자자와 성장투자자가 있다. 가치투자는 기업의 실적이나 자산이 저평가된 기업에 투자해서 제 가치를 찾을 때까지 기다리는 투자이고 성장투자는 새로운 산업이나 실적이 급격히 늘어나는 기업에 투자해서 주가 상승에 올라타는 투자법이다. 최근의 투자에서 가치투자는 이제 한물간 투자법으로 보고 있고 성장주투자가 시대에 맞는 투자라고 회자되고 있다. 그도 그럴 것이 가치주 중에는 크게 상승한 주식들이 거의 없고 성장주들은 몇 배에서 10배가 넘는 주식들이 널려있기 때문이다. 성장주의 대표격인 테슬라는 2020년에만 5배가 상승했다. 그에 비해 가치주들은 크게 오른 사례가 많지 않으니 투자자들의 생각이 테슬라로 몰리는 것은 당연한 일이다.

가치투자를 지향하는 나로서는 지금 〈라스트 사무라이〉의 상황과 같은 셈이다. 칼을 버리고 총을 들어야 할지 칼을 지켜야 할지 고민이 될 정도로 가치투자자들에게는 고민이 되는 시기이기도 하다. 물론 2000년, 2007년, 2015년에도 가치투자는 끝났다는 평이 있었지만 이를 폄하하던 잘 나가던 성장주들이 무너지고 가치투자는 지금까지도 계속 살아남았다.

지금까지 살아남은 가치투자의 거장은 아흔이 넘은 워런 버핏이 대표적이다. 우리는 버핏을 전통적인 가치투자자라고 생각하지만 실제로 버핏은 전통파는 아니다. 버핏의 스승인 벤저민 그레이엄이 전통적인 가치투자자였고 투자수익률은 생각보다 좋지 않았다. 가치투자의 기본은 싸게 사서 비싸게 판다는 개념이다. 담배꽁초 투자법이라고도 불리는데 좋은 기업이든 나쁜 기업이든 싸게만 사면 된다는 개념을 가지고 있다.

버핏은 가치투자를 기반으로 지속적으로 성장하는 기업에 투자를 했다. 어떻게 보면 가치투자라는 토양에 성장주라는 열매를 심은 셈이다. 그래서 버핏의 정확한 포지션은 성장형 가치투자다. 좋은 기업을 저렴한 가격에 살 수 있을 때만 투자한다. 백화점의 명품이 아무 때나 할인하지 않지만 어쩌다가 할인을 할 때가 있다. 이때 쇼핑을 나서는 투자라고 보면 된다. 버핏이 투자한 대표적인 기업으로는 코카콜라, 질레트, 하인즈케첩, 코스트코, 아메리칸 익스프레스, 뱅크 오브 아메리카, 애플 등이 있다. 필수소비재와 금융, 이 두 가지에 집중해서 투자한 것을 알 수 있다. 실제로 이 기업들은 매출과 이익이 나날이 증가하고 있다. 당연히 실적이 나날이 상승할 수밖에 없다. 그래서 버핏은 이런 투자법을 안전한 투자라고 부른다.

그렇다고 해서 이런 기업들의 주가상승 율이 낮은 것도 아니다. 애플은 매입한 지 4년만에 주가가 4배 넘게 올랐고, 2달러에 매입한 코카콜라는 현재 50달러를 넘는다. 코스트코도 30달러에 매입해서 현재 380달러가 넘는다. 여기에 배당금까지 수익률에 포함하면 꾸준히 높은 수익을 거둔 셈이다. 버핏이 운영하는 버크셔해서웨이의 연평균 수익률은 23%로 알려져 있다. 꾸준히 이 정도 수익률만 기록해도 세계 2위 부자가 가능하다는 것을 몸으로 보여준 사례다.

그렇다고 해서 버핏이 투자한 기업이 앞으로도 꾸준히 오르리라는 보장은 없다. 코카콜라의 경우 이제 성장세가 더 커지기 어려운 사양산업이다. 하지만 기업은 스스로 성장하기 위해 변신을 한다. 코카콜라의 경우 콜라로는 더 성장이 어렵다는 것을 깨닫고 세계2위 커피 프랜차이즈인 코스타커피를 5조 6천억원을 주고 인수했다. 콜라의 안정성에 커피라는 성장성을 장착하며 앞으로 더 주가가 성장할 가능성을 열었다.

〈라스트 사무라이〉의 마지막 전투 이후 세상은 어떻게 바뀌었을까? 총에서 수류탄, 탱크, 전투기, 항공모함, 핵폭탄 등 다양한 무기가 나왔지만 아직도 칼은 위력적인 무기다. 총자루 끝에는 단검이 달려 있다. 현대무기로 무장한 군인들도 근접전에서는 칼을 활용한다.

투자도 이와 마찬가지다. 성장주가 아무리 인기가 있다고 해도 가치투자를 무시하고 달리는 말에만 올라타는 투자는 위험할 수 있다. 나를 보호하기 위해서는 가치투자를 베이스로 성장투자를 하는 것이 안전하다고 생각한다.

대부

거절 못 할 제안을 하겠네

영화 〈대부〉는 개봉한 지 50년이 되었음에도 지금도 회자되고 있는 명작 중의 명작이다. '갓파더'라고 불리는 마피아의 대부는 사람들의 고민을 먼저 해결해주고 나중에 자신을 도우라고 한다. 이 과정에서 자신의 사람을 계속 늘려나가며 미국의 정치인, 법조인들을 손아귀에 넣고 도박사업으로 큰 이익을 남긴다.

마약을 취급하는 조직이 사업을 같이 하자고 제안하자 갓파더는 거절하고, 이에 마피아간의 전쟁이 시작된다. 이 과정에서 큰아들을 잃고, 조직 내에 배신자들이 있음을 직감한다. 군 장교로 복무하던 셋째아들이 새로운 보스가 되고, 배신자들과 정적들을 제거하며 마피아 세계를 평정한다.

흔히 마피아라고 하면 잔인하고 폭력적일 것이라 생각한 이미지와 다르게 스스로를 사업가라고 생각하고 최대한 사업으로 접근하려고 하는 모습을 보여준다. 아들을 잃은 슬픔 속에서도 복수 이전에 사업을 먼저 생각하는 모습, 상대의 제안을 사업적으로 생각하고 접근하는 모습은 일반 사회 또한 총 없는 마피아와 다를 바가 없다는 생각을 하게 한다.

영화의 시대적 배경은 2차대전 전후의 미국이다. 이탈리아에서 이민 온 이탈리아계 갱스터가 미국땅에서 살아남기 위해 몸부림치고 많은 정적들을 제거하며 돈과 협박으로 주요 인사들을 매수하는 모습들이 조금도 낯설지 않게 다가온다.

영화를 보면서 재벌과 마피아가 크게 다르지 않을 수도 있겠다는 생각을 하게 된다. 사업을 키우기 위해 다른 재벌, 유력인사들과 인맥을 맺고, 위기가 오면 이들을 활용하고, 그룹을 차지하기 위해 형제간의 치열한 전쟁도 불사하는 모습은 왜 이 영화가 명작인지를 보여준다.

영화에 명대사가 몇 개 있는데 먼저 '거절할 수 없는 제안을 하겠다'는 대사가 자주 나온다. 비즈니스 사회에서도 제안을 하고 협상을 하고 수락을 하면서 파트너가 맺어지고 사업을 키워가게 된다. 즉, 파트너를 맺는 첫 관문은 제안이다. 애초에 상대가 거절할 수 없을 만큼 매력적인 제안을 한다면 파트너를 맺기 쉬워지고 사업을 빠르게 확장할 수 있다.

그럼 그 제안은 무엇이어야 할까? 상대가 원하는 것을 제시해야 한다. '상대의 관점에서 생각을 하라'는 말이 나온다. 상대가 무엇을 필요로 하는지, 어떤 말을 하고 싶어하는지 먼저 캐치하고 그 말을 했을 때 그 제안을 받아들이게 된다.

부동산에서 많이 활용하는 방법인데 집주인이 집을 비싸게 팔고 싶어 하는지 또는 빨리 팔고 싶어 하는지에 따라서 제안 내용이 달라진다. 한 번 본 집을 두 달 후에 다시 보러 갔는데도 이 집을 본 사람이 없다. 집 주인은 이사 시기가 다가오자 초조해진다. 처음 불렀던 가격 대신 거절할 수 없는 제안을 한다. "원하는 날짜에 돈을 맞춰 주겠다. 지금 필요하면 지금이라도 전액지불 가능하다. 단, 가격은 깎아야 한다." 이런 제안은 상대를 선택의 여지가 없게 만든다.

두 번째 명대사는 '마음속에 있는 말을 밖으로 꺼내지 말라'는 것이다. 비즈니스 상황에서 속마음을 꺼내는 것은 유리하지 않다. 상대에게 나의 약점을 알려주는 꼴이 되고 상대의 제안과 협박에 내가 휘둘리게 된다. 시간이 부족해도 시간에 약점이 있는 것을 보여주면 안되고, 금액에 약점이 있어도 그 약점을 보여주면 안 된다. 사람들은 자신이 가진 금액을 너무 솔직하게 말한다는 것이다. 부동산 투자가아닌 실거주 집을 빠르게 구해야 하는 경우에는 솔직하게 말하는 것이 시간을 줄일 수 있다.

하지만 부동산 투자는 그런 것이 아니다. 싸게 사서 비싸게 팔 수있을 만한 물건을 찾기 위해 돌아다니는 것이다. 금액에 한도가 정해지면 좋은 물건을 볼 가능성이 적어진다. 특히 가격대가 낮은 매물은 경쟁자가 많기 때문에 싸게 살 가능성이 낮다. 가격대가 높아 경쟁자가 적은 매물들이 저렴하게 나올 때가 많고 이를 사서 팔면 이익이 크게 남는 경우가 많다. 좋은 물건을 찾았는데 돈이 부족하다면 패밀리를 이용하는 것이다. 대출전문가, 인테리어전문가, 법전문가 등 각자의 영역을 가진 전문가들과 같이 투자를 하면 위험도 줄이고 기회도 늘릴 수 있다. 상대에게 거절 못할 이익을 제공했으니 상대도 다음에 나에게 좋은 기회를 알려주게 된다. 그러면서 네트워크를 키우고 투자를 늘려나가는 것이다. 이게 부동산 비즈니스다.

세 번째 명대사는 '바지니와 회의를 주선하는 자가 배신자다'라는 말이다. 갓파더의 이 말 덕에 아들 보스는 배신자를 쉽게 찾아낼 수 있었다. 자신의 이익을 위해 조직을 이용하려는 사람은 배신자와 같다. 회사의 기밀을 빼돌리거나 힘을 이용해 회사의 이익에 도움이 되지 않는 업체와 계약을 맺는 등의 행위는 조직을 천천히 망치게 한다. 열등감이 있는 직원이 높은 위치에 앉게 되면 조직은 더 위험해진다. 그래서 리더는 사람을 쓰는 일이 항상 조심스럽다.

내 주변에서 누군가가 나를 칭찬하면 어깨가 으쓱해질 때가 있다. 이 말을 절대 그대로 받아들이지 말자. '나를 칭찬하고 일을 확장시키려는 자가 배신자다'라는 것을 기억하자. 사람은 기본적으로 남을 칭찬하기 어렵다. 그 어려운 일을 한다는 것은 나의 힘이 필요하거나 나를 이용할 일이 있기 때문에 어려움을 참고 칭찬을 한다. 그래서 칭찬을 하는 사람의 말은 그 다음을 잘 기억해야 한다. '사업을 확장하자' '좋은 제안이 있는데 들어보자' '부탁을 하나만 하자' 뒤에 어떤 목적이 있는지를 분간해야 한다. 정말 좋은 칭찬은 수치화할 수 있는 칭찬이다. 매출이 몇 퍼센트 상승했다. 지점이 몇 개가 늘었다 등의 객관화된 칭찬은 내가 오버하지 않게 만들어 준다. 칭찬을 들을수록 스스로는 겸손하려는 습관을 들여야 한다.

영화 〈대부〉에서 가장 마음 아팠던 부분은 '가족'이었다. 가족을 지키기 위해서 죽기살기로 사업을 하는데 오히려 이 사업 때문에 가족들에게 소홀하게 되고 가족들은 이를 몰라주는 경우가 많다. 그래서 허무함이 몰려온다.

실제로 전설적인 투자자로 알려진 피터 린치는 46세에 은퇴했다. 세계 최대 규모의 마젤란 펀드를 이끌며 연평균 29% 수익률을 기록했던 전설의 영웅도 가정에서는 좋은 아빠가 아니었다. 펀드매니저로 있느라 가족들과 휴가다운 휴가를 가보지도 못하고, 2,000개가 넘는 기업의 종목코드는 외웠지만 딸의 생일을 기억하지 못했다. 한창 더 최고의 주가를 올릴 수 있는 상황에서 피터 린치는 멈췄다.

사업가는 한 번 굴러가는 사업을 멈추기가 어렵지만 투자자는 멈추는 것이 가능하다. 가정을 지키면서도 적당한 수준에서 돈을 굴리는 것이 가능한 일이 투자자다. 그런 이유 때문에 우리는 현명한 투자자가 되어야 한다. 현명한 투자자는 돈을 잘 버는 투자자가 아니라 소중한 것을 지키는, 원금도 가족도 잃지 않는 투자자다.

5장 투자자에게 영감을 주는 영화

6장

여행에서 돈을 보다

영국

애프터눈 티와 도자기 산업의 발달

19세기 영국 귀족들은 오후 3시~5시에 홍차 등으로 애프터눈 티를 즐겼다. 이 홍차문화 덕분에 애프터눈 티 문화가 생겼고 이 덕분에 영국의 도자기 산업은 눈부시게 발달했다. 문화는 주로 귀족들이 주도한다. 홍차, 애프터눈 티, 도자기 모두 귀족들의 문화다. 하지만 서민들도 귀족의 문화를 동경하고 따라 해보고 싶어 한다. 시간이 지나면 귀족의 문화는 다시 대중의 문화로 널리 퍼진다. 그래서 귀족의 문화는 시대를 선도하고 트렌드가 되기 때문에 상류층의 문화를 빠르게 파악해야 한다. 거기에 돈이 흐르기 때문이다.

당시 영국은 아침과 저녁에만 식사를 하는 문화를 가지고 있었다. 산업혁명으로 쉼없이 일을 하는 것이 보편적 생활 행태였다. 기계가 사람의 라이프 스타일을 바꿨다고 볼 수 있다. 노동자들이 저녁에 맥주와 곁들여 먹을 수 있는 피쉬 앤 칩스가 유행했다. 상류층 여인들의 경우 남편이 사냥을 나갔다 늦게 돌아왔기 때문에 출출한 오후에 홍차만 마시기 보다 디저트를 곁들여 먹는 문화가 발달하게 되었다.

1841년 엘리자베스 여왕과 친분이 깊었던 안나 마리아가 스콘, 샌드위치, 마카롱, 비스킷을 곁들인 것이 애프터눈 티의 시작이다. 빵들의 종류를 보면 알겠지만 식사 대용이 가능한 샌드위치와 스콘이 있고, 달콤한 마카롱도 있다. 그래서 애프터눈 티는 3단으로 구성되는 것이 정석인데 아래 1단에는 샌드위치를 넣어 배가 부를 수 있게 했고, 2단에는 스콘과 잼을 넣어 부족한 허기를 더 채울 수 있게 구성했다. 맨 위의 3단에는 마카롱, 초콜릿 등을 놓아 입이 심심할 때 먹을 수 있게 했다. 그래서 애프터눈 티를 먹을 때는 아래부터 먹는데 그 이유는 맨 위의 음식을 마지막까지 남겨두어 음식을 먹은 티를 덜 나게 하는 것이 우아한 품격을 나타냈기 때문이다.

이후에는 지인들과 오후에 간단히 담소를 나눌 때도 애프터눈 티를 즐기게 되었고 응접실이나 정원에서 진행되는 사교행사로 점차 번져나가게 되었다. 사교행사라 함은 부자들의 네트워크 모임이다. 가급적 고급스러워 보이게 하는 것이 자신의 품격을 나타내는 것이라 생각했고 애프터눈 티를 진행하기 위해서는 고급 도자기로 구성된 찻잔, 주전자와 비싼 홍차가 필요했다. 품질이 중요했기 때문에 마진이 좋았고 도자기, 홍차 무역은 좋은 사업 아이템으로 발달한다.

홍차를 구하려면 중국에서 수입해야 했다. 중국과 무역을 할수록 차 때문에 영국의 동인도회사는 계속 적자를 봐야 했고 중국으로 세상의 은이 몰려들었다. 영국은 아편전쟁을 벌였지만 이내 청나라 또한 양귀비를 재배해 불법유통을 하면서 아편가격이 바닥을 쳤다. 그래서 동인도회사는 차 재배기술을 몰래 빼내서 인도에서 재배하기로 한다. 우여곡절 끝에 인도에서의 차 재배는 성공하고, 또한 인도 아삼 지역에서 차나무를 발견해 그 지역에서도 대량의 홍차가 생산됨에 따라 1860년도 이후부터 홍차 가격이 낮아지고 서민도 마실 수 있는 국민음료로 보편화되었다.

도자기는 어떻게 발달했을까? 도자기를 만들고 싶은 수요는 많았지만 아쉽게도 영국에는 도자기 재료인 고령토가 없었다. 하지만 강력한 수요가 있었기 때문에 천년의 도자기 기술을 가진 중국을 백년 만에 뛰어넘어 세계적인 명성을 얻는다.

영국이 도자기 강국이 된 것 중 큰 이유는 발상의 전환이다. 고령토 없이 도자기를 만드는 발상의 전환을 하는데, 흙에 동물의 뼛가루를 섞어서 굽는 방식을 사용한다. 본 차이나(Bone China)라고 불리는 새로운 방식의 도자기가 출현한다. 가볍고 얇지만 내구성과 투광성이 좋아 따뜻한 느낌을 주었고 다른 도자기들이 주는 차가움을 극복했다. 그리고 우아한 백색의 빛깔은 귀족들의 사랑을 받을 수밖에 없었다.

또 다른 이유도 있었다. 프랑스 등 다른 나라들도 도자기 산업을 성장시켰는데 이들은 모두 국가가 주도해서 별다른 경쟁이 없었다. 반대로 영국은 브랜드들 간의 혹독한 경쟁을 거치며 살아남았다. 경쟁이 있었기 때문에 각기 독특한 매력을 가진 도자기들이 쏟아져 나

6장 여행에서 돈을 보다

왔고 다른 나라의 도자기 브랜드들이 사라질 때 영국의 도자기들은 세계적으로 가치를 인정받았다.

간단한 이야기이지만 정리를 해보면 귀족들의 수요는 트렌드를 선도한다는 점, 돈이 되기 때문에 여기에서 기회가 발생할 수 있다는 점, 발상의 전환을 하면 새로운 시장이 열린다는 점, 치열한 경쟁 속에서 발전이 될 수 있다는 점이다.

그런 면에서 보면 스타벅스의 성장성은 아직도 무한하다고 생각한다. 미국에서 스타벅스를 즐겼던 여인이 한국에는 아직 스타벅스가 없다는 게 안타까워 직접 들여왔다는 이야기가 있다. 개발도상국에서 미국에 다녀온 유학생은 상류층의 자제들인 경우가 많다. 이들이 스타벅스를 즐기면 중산층으로 퍼지고 이내 서민층으로도 퍼진다. 그렇게 우리나라는 서울에 가면 골목마다 스타벅스가 있는 나라로 변했다.

중국의 경우도 다르지 않을 것이다. 많은 유학생들이 미국, 캐나다, 호주 등지에 있다. 이들이 스타벅스를 즐기고 고국으로 돌아가면 다시 스타벅스를 찾을 것이고 이 문화가 전 계층으로 퍼질 것이다. 차 문화가 강한 중국은 연간 1인당 커피를 5잔 마신다고 한다. 200잔을 넘게 마시는 한국, 일본과 비교해서 한참 낮은 수치다. 그만큼 발전 가능성이 있다고 본다.

중국 사람들이 1년에 1인당 커피를 50잔만 마셔도 중국 내 스타벅스 매장은 4천개에서 4만개로 늘어나는 셈이다. 중국을 제외한 나머지 전세계 스타벅스 매장이 3만개가 되지 않는다. 그래서 중국에서 전세계로 홍차 문화가 수출되었지만 다시 세계의 커피문화가 중국으로 수입될 것이라 본다. 캠핑카와 세컨하우스도 지금은 경제력이 있는 사람들의 이야기이겠지만 이내 중산층도 노려볼만한 수준이 되었고 서민층으로도 많이 내려오고 있다. 이런 곳에 돈을 벌 기회가 있을 것이다.

태국

팟타이와 짜장면의 공통점

방콕은 세계에서 관광객 수가 가장 많은 도시로 언제나 붐비는 곳이다. 태국에 가면 볼거리도 많지만 꼭 먹어봐야 할 먹거리도 많다. 똠양꿍, 푸팟퐁커리, 수박주스, 로띠, 쏨땀, 코코넛밀크 등 다양한 음식들이 많지만 그 중에서 1위로 손꼽는 음식은 팟타이다. 고수 향이 나는 음식이나 해물을 안 좋아하는 사람들도 먹을 수 있는 호불호가 없는 음식이기 때문이다.

방콕거리를 지나가면 몇 걸음마다 하나씩 있는 것이 팟타이를 파는 노점상들이다. 가격도 40바트 수준으로 간단하게 한 끼를 때우기 적당하다. 그리고 맛도 고소하고 달콤해서 어린아이도 어른도 누구나 부담없이 먹을 수 있다. 야식으로도 적당하다.

우리나라로 치면 짜장면이 이런 사랑을 받는다. 어디에 가나 흔하게 접할 수 있고 누구나 좋아하는 단맛을 가지고 있어서 어린아이도 어른도 즐겨 먹는다.

재미있는 점은 이 두 음식 모두 제 나라의 전통음식이 아니라는 점
이다. 팟타이는 태국의 전통음식이 아니고 짜장면도 우리나라 음식이
아니다. 경제발전을 하는 과정에서 필요에 의해 만들어진 음식이다.

동남아 국가들은 저마다 특색이 살아있는 쌀국수가 유명하다. 국
물이 있는 것도 있고, 볶은 면도 있다. 기원은 아유타야 왕조 때 베트
남 상인들이 쌀국수를 가져온 것으로 시작되었다고 추정되고 있고
이후에는 중국음식으로 인식되고 있었다. 팟타이가 지금의 레시피로
만들어진 것은 1930~40년대 민족주의 영향 때문이다. 기존의 꾸어이
띠어우 팟에서 중국식 재료들을 빼고 고유 음식을 넣어 태국식으로
만든 것이 팟타이다. 팟은 볶음을 뜻하고 타이는 태국이다. 음식 이
름에 나라이름을 넣은 음식으로 민족주의의 영향이 담겨있다고 볼
수 있다.

태국은 쌀농사를 1년에 3번 짓는 나라로 쌀 생산량이 상당하다. 현
지인들 말로는 태국 주변국을 먹여 살리는 수준이라고 할 정도로 당
시에 태국에서 쌀 수출이 경제를 이끌었다. 또한 내수 경제를 진작시
킬 필요도 있었다. 그래서 국가에서 레시피를 만들어 전국으로 보급
하고 노점판매를 늘렸다. 이후에 관광객들이 타깃이 되었고 그들의
입맛에 딱 맞아떨어지면서 세계화가 되었다. 실제로 태국인들이 먹
는 팟타이와 관광지에서 파는 팟타이 맛은 좀 다르다. 관광지의 팟타
이는 좀 더 짜고 단맛이 강해 맥주와 조합이 좋다. 더운 나라이기 때
문에 맥주를 부르는 음식을 팔면 마진이 좋아진다. 경제적인 이유가

음식의 맛을 변화시키기도 한다.

짜장면의 경우도 중국 산둥반도에서 온 음식이다. 임오군란 이후 청군이 들어올 때 상인이 따라 들어왔는데 이후에 인천에 청관을 설치하고 상인거주지역이 생겼다.

볶은 톈멘장을 얹은 국수인 차오장멘이 시조이다. 춘장이 아닌 된장소스에 고기를 볶은 것을 얹은 형태로 차이나타운에서 하얀짜장이라는 이름으로 지금도 팔리고 있다. 해방 이후 카라멜을 춘장에 섞은 짜장면이 나오게 되었다. 그 후에 짜장면의 맛이 짠맛에서 단맛으로 변하게 된다. 남녀노소 가리지 않고 대중화가 되려면 단맛이 베이스가 되어야 한다. 이제 짜장면은 국민음식이 되었다.

또다른 이유는 해방 이후 정부에서 중국상인들이 무역을 하지 못하게 금지를 시켰고, 화교들이 생존을 위해 중국요리집을 차리게 된 것이다. 여기에 1960~70년대에 분식장려운동이 시행되면서 쌀이 아닌 밀가루로 만드는 짜장면이 번창하게 되었다. 그러던 것이 지금의 위치에 오르게 되었다.

짜장면은 곧 화교의 역사다. 다른 나라에서는 화교가 경제를 주름잡고 있는데 우리나라에서는 화교가 경제를 장악하지 못했다. 화교를 규제하는 법이 있었기 때문이다. 1961년에는 외국인토지 소유금지법을 통해 화교들의 부동산 소유를 제한했고, 다음해에는 화폐개혁으로 지하에 있던 화교자금을 양지로 끌어냈고, 1970년에는 짜장면 가격을 동결시켜 물가를 잡았다. 1973년에는 중국식당에서 쌀밥

판매를 금지시키면서, 규제에 규제를 더했다. 그러한 역사가 오늘날 짜장면의 역사라고 볼 수 있다.

결론은 국가의 정책과 규제, 경제적인 이유가 음식을 만들어간다고 볼 수 있다. 과거에는 쌀값을 낮추기 위한 정책을 썼다면 지금은 쌀값을 낮추지 않기 위한 정책을 쓰고 있다. 1993년 우루과이 라운드로 인해 국내에도 많은 변화가 일어났다. 쌀 개방을 대비해 마진이 좋은 과수원이나 특용작물로 변화를 유도했다. 쌀 가격 하락을 막기 위해 정부가 수매를 하고 쌀직불금을 지급하는 등 여러 방면으로 정책을 쓰고 있다. 국가는 쌀 직불금으로 연간 2~3조 예산을 편성하고 있다. 농가의 피해를 국가가 세금으로 막고 있는 것이다.

여기에 매년 국민 1인당 쌀 소비량이 빠르게 줄고 있다. 맞벌이로 인해 가족들이 요리에 시간을 투자하기가 어렵고 밥을 짓기 위해 오랜 시간 준비하는 것보다 빠르게 먹을 수 있는 가정간편식, 외식, 배달음식, 자녀들의 요구에 따른 인스턴트 음식 등이 그 자리를 차지하고 있다. 쌀 소비량은 더욱 줄어들 것이다.

이러면 사업가는 두 가지 생각을 해야 한다. 국민의 입맛에 맞춰서 추세에 맞는 제품을 내놓을 것인가 아니면 국가가 원하는 쌀 소비 촉진제품을 만들 것인가 선택해야 한다. 전자는 누구나 알 수 있는 것이다. 쌀 소비가 줄고 배달음식, 서양식, 가정간편식이 늘고 있으니 이러한 추세에 맞는 데에 투자하면 시장이 계속 넓어지고 안정적일 것이다. 반대로 후자에 투자하면 리스크는 있지만 정부가 원하는 일을 하는 것으로 지원금을 기대할 수 있고 좋은 기업이라는 브랜드를 가져갈 수 있다.

실제로 식품이 주력인 대기업들은 현재의 추세에 맞는 제품에 더 집중하는 모습이지만 그래도 정부의 요구에 맞게 쌀로 다양한 제품을 만들려고 노력하고도 있다. 스타벅스는 한시적으로 이천 쌀라떼를 출시했고, 롯데는 쌀 빼빼로를 만들었다. 대기업 입장에서는 쌀 제품으로 인해 수익을 낸다기보다는 이미지효과를 위해 하는 것으로 볼 수 있다.

국가에서는 우리 쌀을 활용한 업체들에 대해 지원금 정책을 펼치고 있다. 그래서 쌀을 활용한 다양한 제품들이 등장하고 있다. 쌀맥주, 쌀소주, 쌀떡볶이, 쌀과자, 쌀음료 등이 나오고 있다. 정부의 지원금이 있기 때문에 부담 없이 도전해 볼 수 있다. 여기에 히트작이 나온다면 꽤 큰 수익을 얻을 수도 있다. 그래서 스타트업이 많이 생겨나고 있는 모습이다. 이런 스타트업에 투자해서 같이 수익을 낼 수도 있는데 최근에는 크라우드펀딩을 통해 이런 작은 업체에 투자할 기회가 많아졌고 스타트업들도 펀딩을 받아 사업을 키우는 기회가 되고 있다.

팟타이와 짜장면의 교훈을 얻어 창업을 한다면 단맛을 베이스로 가게를 차려야 성공한다는 것을 알 수 있다. 외국의 음식이 한국으로 들어와 성공한 케이스를 보면 보통 단맛이 많다. 대왕카스테라, 샌드위치, 버블티, 햄버거, 아이스크림, 도넛 등이다. 마라탕 같은 매운맛은 국내에서는 잘 통하지만 외국에서는 통하기 어렵다. 반대로 단맛은 전세계 남녀노소 누구나 좋아하기 때문에 시장이 넓다.

단맛을 가진 우리나라 식품이 외국에서 히트를 친 경우도 많다. 물론 매운맛의 제품들도 히트를 치지만 주가가 움직일 정도는 아니다. 대표적인 제품으로는 오리온의 초코파이가 있다. 2007년 중국에서의 매출은 1,413억원이었는데 연평균 48%씩 성장하더니 2012년에는 1조원을 돌파한다. 이러한 성장성 덕에 2009년 6천원이던 주가는 2015년에 6만원을 훌쩍 뛰어 넘는다.

그 외에도 빙그레의 메로나는 세계 16개국에 수출하고 있고 미국에서만 연간 1,300만개 이상 팔리는 등 히트를 치고 있다. 빙그레의 바나나맛 우유는 중국인 관광객들에게 많은 사랑을 받고 있다. 팔도라면은 러시아 컵라면 시장 60%를 차지하고 있다. 도시락면은 러시아 누적 판매량이 45억개로 국내보다 7배 더 많이 팔린다. 최근에는 CJ를 필두로 가정간편식을 해외에 수출하고 있다. 음식은 한 번 입맛을 들이면 잘 변하지 않기 때문에 해외시장공략에 성공하면 꾸준한 매출 상승과 주가상승을 기대할 수 있다.

랜드마크

●·····································●

남산에 한옥호텔이 생기면

사람들은 특정 단어에 대해 이미지로 기억을 하는 경우가 많다. 그래서 영국 하면 신사라는 단어가 떠오르고 신사의 이미지가 같이 떠오른다. 모로코 하면 중정이 있는 독특한 하얀 건축물이 생각나고, 유럽하면 성이 생각난다. 그리고 우리는 한번쯤 저런 곳에서 묵으면 어떨까 상상해본다.

여행을 가면 그 나라의 주요 유적지나 건축물을 많이 관람하고 기념사진을 찍는다. 그 사진의 배경만 봐도 내가 어느 나라를 다녀왔는지 알 수 있다. 그래서 랜드마크란 그 나라의 특징이나 상징적인 건축물을 담고 있는 경우가 많다.

실제로 그 나라의 전통 건축물에서 숙박을 할 수 있는 호텔이 있다. 성을 개조하거나 그 나라 전통건축 방식으로 만든 호텔들이다. 가격은 비싸지만 만족감만 준다면 돈은 아깝지 않을 것이다. 특히, 숙박료가 비싼 고품격 호텔일수록 가격에 연연하지 않고 지갑을 연다. 소비력이 강하기 때문에 서울의 특급호텔 안에는 명품을 파는 매장이 있다.

특히 랜드마크가 있으면 관광객을 더 많이 모을 수 있다. 관광객은 곧 돈이다. 보고, 먹고, 자는데 계속 돈을 써야 하기 때문에 관광객이 1분이라도 더 머물게 해야 한다. 예전에는 호텔이 밖에 나가 관광을 하고 돌아와 자는 곳이었다면 이제는 호텔 안에서 먹고, 마시고, 즐기고, 쇼핑을 하게 한다. 호텔 밖에 나가서 돈을 쓰지 않고 호텔 안에서 모두 소진시키게 하려는 전략이다. 특히 호텔이 랜드마크라면 투숙객들은 이 호텔 안에서 더 오래 있기를 스스로 희망할 것이다.

이제 외국인의 입장에서 한국을 다시 보자. 2019년 한국을 방문한 외국인 관광객 수는 1,750만명이다. 이로 인한 관광수입은 25조원으로 추산되고 있다. 2018년에 1,534만명, 2017년에 1,333만명으로 매년 200만명씩 증가하고 있는 추세였다. 세계적인 순위로 봐도 서울은 2019년 기준 1,125만명으로 11위를 차지했다.(MasterCard Global Destination Cities Index 참고)

외국인 관광객 64.3%가 서울에 오기 때문에 호텔이나 쇼핑몰, 백화점, 면세점은 서울에 집중되어 있다. 서울 중에서도 외국인이 주로 오는 곳은 홍대, 종로, 남산, 동대문, 명동 쪽에 몰려 이곳에 많은 호텔들이 있지만 랜드마크 호텔을 짓는다면 큰 매출을 올릴 수 있다.

특히 외국인 귀빈을 대접할 때는 국제적으로 그 나라의 상징적인 랜드마크에서 하는 경우가 많다. 우리나라도 귀빈들이 오면 한옥형

태의 랜드마크에서 외국인을 맞이한다. 그래서 한진그룹은 경복궁 옆 땅에 한옥호텔을 지으려고 노력했고, 호텔신라는 남산에 한옥호텔을 지으려고 했다.

한옥호텔은 건축비용 대비 많은 객실이 나오지 않고 수익성이 좋지 못한 모델인데 왜 두 기업은 한옥호텔을 지으려고 했을까? 위에서도 말했듯이 외국인들은 그 나라의 전통이 담긴 것에서 아름다움을 느끼고 호감을 느낀다. 그리고 VIP 관광객들이 쓰는 돈의 규모가 절대 적지 않다. VIP만 챙겨도 충분히 이익을 뽑아낼 수 있다는 계산이 깔린 것이다.

그래서 호텔신라는 장충동 호텔 부지 옆에 3,000억원을 들여 한옥호텔을 짓고 있다. VIP들이 오는 한옥호텔로 만들고 옆에 면세점을 배치하면 기존의 명품관과 연계가 되어 상당한 매출을 낼 수 있다는 계산이다. 호텔업 자체는 수익성이 떨어지지만 쇼핑에서 수익을 내면 마진이 크게 증가한다.

반면 한진그룹도 경복궁 옆 송현동 부지에 한옥호텔을 지어 보려고 했으나 반대를 이기지 못하고 매각을 결정했다. 이런 상황에서 코로나19가 발생하고 매각에 난항을 보이고 있다.

이렇게 기업들은 랜드마크를 만들기 위해 치열하게 노력 중이다. 랜드마크를 가지면 브랜드가치는 껑충 올라갈 것이다. 그럼 외국인들이 생각하는 한국의 랜드마크는 어떤 것들이 있을까?

경복궁, 인사동, 북촌한옥마을, 남산타워, DDP, 홍대, 명동, 동대문

시장 등이 있지만, 특정기업이 랜드마크인 경우도 있다. 바로 롯데다. 잠실의 롯데월드와 명동의 롯데백화점, 롯데면세점이 외국인들의 랜드마크로 꼽히고 있다. 외국인들이 한국에 오면 롯데라는 단어를 한 번은 듣고 가니 기업의 브랜드 가치가 크다고 할 수 있다.

2019년까지 에어비앤비로 창업을 하는 것이 인기를 끌었다. 그 중에서 많은 사람들은 어디에 차려야 유리할 것인가를 고민했고 대다수가 홍대를 선택했다. 하지만 쏠림현상 때문에 공실이 나서 사업을 접는 사람들도 많았다. 랜드마크의 개념을 이해하면 의외로 숙박예약이 잘 들어오면서도 경쟁이 덜한 곳을 찾을 수 있다.

6장 여행에서 돈을 보다

카지노

누구도 돈을 벌어 나갈 수 없다

여행지에 가면 줄지어 있는 호텔과 호텔 창밖으로 볼 수 있는 넓은 자연 또는 도심의 경치, 여행사들의 차량, 환전소, 식당, 카페, 술집 등 흥을 돋우는 신나는 것들이 존재한다. 그리고 여행자들을 블랙홀처럼 빨아들이는 카지노도 빼놓을 수 없다.

보통 여행을 가면 낮에는 관광지를 다니고 밤에는 숙소로 들어와서 잠시 쉰 다음 야시장이나 술을 마시러 나오는 경우가 많다. 주로 먹는 것이다 보니 배가 부르고 재미가 반감된다. 이런 이들에게 카지노는 호기심을 제공한다.

카지노는 도박만 하는 곳이 아니다. 음악과 쇼는 물론 음식, 음료도 제공한다. 그리고 다양한 오락 시설을 설치하여 도박을 하는 사람들에게 흥겨움을 선사함으로써, 호기심에 재미삼아 들어온 사람들이 슬롯머신을 몇 번 만지작거리며 돈을 쓰고 나가도록 유도하는 곳이다. 여기서 잘 놀고 갔다고 생각하는 수준의 금액만 쓰고 나오면 카지노를 가장 잘 즐기고 온 것이다.

하지만 이렇게 되기가 쉽지 않다. 내기를 좋아하는 사람, 승부욕이 있는 사람, 충동적인 사람들은 카지노에 와서 쉽게 빠져나가지 못한다. 그들이 쉽게 빠져나가지 못하는 이유는 하나다. 이길 것 같은 느낌이 들면서 지기 때문이다. 아예 이길 수 없는 게임이라면 돈을 걸 사람도 없을 것이다. 그런데 이길 확률이 꽤 높아 보인다면 돈을 걸어 보게 된다. 주변에서 돈을 따는 사람이 보이고 나도 조금씩 돈을 따면서 계속 한 번만 더 하면 좀 더 큰 돈을 벌 수 있다는 희망을 얻는다. 나중에야 알겠지만 그 희망이라는 느낌은 만들어진 것이다. 내가 느끼는 희망이 나를 서서히 죽여가는 곳이 카지노다.

처음에는 다들 슬롯머신을 하다가 슬슬 딜러가 있는 곳으로 가서 끼어들게 된다. 룰렛도 있고 바카라, 블랙잭 등이 다양하게 있다. 초보자는 자신이 돈을 딸 가능성이 높고 규칙이 단순한 게임부터 한다. 가장 많은 사랑을 받는 것이 바카라다. 간단하게 말하면 홀짝에 돈을 걸어 이기면 2배, 지면 잃는 구조인데 실제로 무승부가 있기 때문에 승률은 50%가 아니라 49%다. 49%를 계속 반복하면 승률은 조금씩 녹아내린다. 그럼 카지노는 어떻게 설정을 해야 돈을 더 많이 벌 수 있을까? 게임의 속도를 높이는 것이다. 바카라는 단순하다. 그래서 게임이 빨리 끝난다. 그럼 49%의 확률이 빠르게 반복이 되고 돈은 빠르게 사라진다.

블랙잭을 예로 들어 설명하자면 카지노는 플레이어들보다 0.4%

정도 유리하게 게임을 설계해 놓는다. 물론 플레이어가 게임의 규칙을 이해하고 잘 했을 경우에 0.4%가 되고 초보자들은 이를 훌쩍 뛰어 넘어 4~5%의 엣지가 나온다. 그리고 1시간을 앉아서 블랙잭을 하면 20게임 정도를 하게 된다. 한 게임에 30만원을 걸고 했다고 보면 1시간은 600만원의 돈이 걸린다. 여기에서 0.4%면 2만4천원, 4%면 24만원을 잃게 된다. 시간당 이 속도로 돈을 잃는 셈이니 10시간을 하게 되면 한 판에 30만원짜리 게임이어도 잘 하는 사람은 24만원을 잃고 나가고, 초보자는 240만원을 잃고 나간다.

어느 정도 돈을 잃게 되면 승부욕이 생겨 마틴게일 베팅법을 생각하게 된다. 100만원을 걸어서 지면 200만원을 걸고, 200만원이 지면 400만원을 거는 식으로 돈을 잃을 때마다 2배를 더 거는 방법이 마틴게일법이다. 한 번만 이기면 본전을 찾을 수 있기 때문에 이론상 가장 이길 확률이 높아 보이지만 몇 가지 문제가 있다. 연속으로 10번을 지게 되는 경우가 나올 수도 있는데 2를 10번 곱하면 1,024배가 된다. 10만원으로 시작해서 10번을 연속으로 지고 이 돈을 메우려고 마틴게일법을 쓰면 11회 때는 1억을 걸어야 한다는 것이다. 그럼 결국 돈이 많은 사람이 유리한 방법인데 내가 가진 돈이 더 많을까? 카지노가 가진 돈이 많을까?

두 번째는 본전을 찾아도 사람은 이미 도박에 중독이 된 상태라는 점이다. 분명히 돈을 잃거나 본전인 상태인데 나중에 생각하면 돈을 땄던 짜릿함만 남아 있다. 그 기억이 다시 카지노로 가게 만들 것이다. 그럼 마틴게일법으로 본전을 찾았다 한들 무한 반복할 수 밖에 없다. 그러다가 판돈이 감당 안 되는 순간 파산이다. 이 마틴게일법을 쓰는 사람들은 보통 차를 팔고 집을 팔아서 쓴다. 한 번만 더 두 배로 걸면 본전을 찾을 것이라는 믿음 때문인데 확률 위에는 규모의 경제가 있다는 것을 생각해야 한다. 그리고 대부분의 카지노는 상한선을 정해 놓는다. 예를 들어 강원랜드의 경우 30만원이 상한선이다. 애초에 마틴법을 쓸 수가 없다.

지금까지 카지노 이야기를 했지만 카지노라는 단어를 주식시장으로 바꿔도 글이 어색하지 않다. 사람들이 주식으로 들어오고 돈을 잃는 과정에서 느끼는 생각과 이번에는 오르겠지라는 이상한 믿음, 잘못된 수학통계와 잘못된 결과는 사람 자체를 망가지게 한다.

그럼 카지노에서 돈을 벌지 않고 이익을 보는 방법은 없을까? 없지는 않다. 외국의 카지노라면 입장료가 무료일 것이다. 들어가서 음료수를 마음껏 마시고 나오는 것이 돈을 버는 방법이다. 가장 좋은 방법은 여러분이 카지노를 차리는 것이다. 그러면 수많은 도박중독자들이 돈을 들고 와서 여러분에게 수익을 갖다 바칠 것이다. 이게 제일 확실한 방법이다.

우리가 작은 카지노를 차릴 수 있는 방법은 카지노 주식을 사는 방법이 유일하다. 국내 3개 카지노 회사에 주식투자를 할 수 있다. 하나는 내국인 전용카지노인 강원랜드이고 다른 두 개는 외국인 전용 카지노인 파라다이스와 GKL이다.

강원랜드는 2016년, 외국인전용카지노는 2015년에 가장 높은 주가를 보여줬다. 특히 파라다이스는 5년간 주가가 10배 넘게 오르는 모습을 보여주며 열풍을 이끌었다. 주가를 보면 내국인 전용카지노인 강원랜드는 최고가 대비 현재 50% 수준의 주가를 보이고 있고, 외국인 전용카지노는 최고가 대비 30% 수준의 주가를 보이고 있다. 중국, 일본과의 관계 악화로 인해 2017년부터 주가가 하락을 하다가 코로나 영향으로 인해 주가가 10년 전 수준으로 되돌아갔다.

배당수익률로 보면 영업이 잘 되던 시기에 2.7~4.9%의 배당수익률을 줬다. 만약 코로나가 끝나고 관광이 예전처럼 회복이 된다면 2~3배 주가상승과 연 2.5~6.5%의 배당수익을 기대해볼 수 있다.

카페

낡은 것의 미학, 도시재생 그리고 젠트리피케이션

카페는 우리가 일상생활에서 즐길 수 있는 간편한 여행이다. 사무실이나 집과 다른 인테리어와 사진을 찍을 수밖에 없는 음료들은 스트레스를 풀어주는 여행과 같은 효과를 지닌다. 그래서 주말 나들이에 카페를 빼놓을 수가 없다. 더운 여름 도시 한복판에 있어도 카페에 들어서면 스트레스가 해소된다.

기본적으로 카페는 마진이 높다. 커피 원액과 우유를 조금 넣은 카페라떼 한 잔에 5천원을 받을 수 있다. 마진이 높기 때문에 경쟁이 치열하다. 그 경쟁을 이겨내기 위해 맛은 기본이고 사진 찍기 좋은 예쁜 음료와 디저트를 개발한다. 잔과 접시를 고급스럽게 만들기도 하고 시중에서 구할 수 없는 테이블과 의자를 배치하고 실내 인테리어를 고급스럽게 만든다.

고급스러우면 더 비싼 가격을 받아도 사람들은 이해한다. 이게 카페의 경제학이다. 그래서 더 인테리어에 신경을 쓰고 SNS에 신경을 쓴다. 그만큼 트렌드의 영향을 크게 받는 곳이 카페다.

최근의 트렌드는 낡은 카페를 개조하는 것이다. 익선동에 가면 여관을 개조한 카페가 있다. 사람들은 이색적이면서도 독특한 인테리어에 만족하고 셔터를 누른다. 곳곳마다 다른 느낌의 사진이 나오기 때문에 고객들이 셔터를 누르는 맛이 있다. 이 셔터의 횟수는 SNS의 트래픽 횟수와 비례한다. 그 트래픽이 다른 고객들을 불러 모은다. 여관을 개조한 카페, 목욕탕을 개조한 카페, 폐교를 개조한 카페는 트렌드가 되고 있다.

이 트렌드의 기본은 낡은 것을 새롭게 재창조해 사람들이 열광하게 한다는 것이다. 이를 뉴트로라고 하는데 올드해 보이는 것을 개조해 새롭고 핫하게 보이게 하면 고객들은 열광한다. 이는 카페 뿐만 아니라 의류, 디자인, 음식 등 여러 영역에서 나타나고 있는 현상이다. 트렌드를 읽으면 돈이 보인다. 뉴트로를 원하는 고객들에게 맞춤형 인테리어와 제품을 내놓으면 고객들은 환호하고 셔터를 누르고 트래픽을 올려준다. 트래픽이 돈이 되는 세상이기 때문에 고객들이 자연스럽게 사진을 찍게 하면 굳이 광고를 하지 않아도 알아서 광고가 된다.

오래된 길을 새로운 가게들이 차지하면 사람들의 명소가 된다. 원래는 예술가들의 거리였지만 카페 사장들이 그 오래된 길에 가게를 낸 것이다. 이런 길들은 보통 교통이 불편하다. 그래서 임대료가 저렴하고 돈이 부족해도 나만의 가게를 열 수가 있었다. 그런데 이런 가게들이 모이니 새로운 명소가 되고 데이트 코스가 된다. 불편한 교통을 감수하고 힘들여 오는 재미가 생긴다. 저렴한 가격과 프랜차이즈에 정복되지 않은 골목은 각기 다른 개성을 보여주고 마치 외국을 여행온 듯한 설렘을 준다.

경리단길, 망리단길, 송리단길, 연리단길, 해리단길, 황리단길, 동리단길, 객리단길 등 다양한 명소들이 탄생하고 있다. 하지만 명소가 되면 개성은 사라지고 이내 빈 가게가 늘어나는 이상한 현상이 벌어지고 있다. 임대료의 상승 때문이다.

장사가 잘 되면 임대료가 상승하는 것은 당연한 일이다. 하지만 동네가 갑자기 뜨면 매매가격의 상승속도가 가파르게 올라간다. 매매가격은 주식처럼 미래의 가치를 반영한다. 1년만에 건물가격이 30% 상승했으면 내년, 내후년에도 연 30%씩 상승할 것이라고 생각하는 것이다. 그래서 매매가격은 30%가 아닌 70%, 100% 상승한다. 미래의 가격을 당겨온 것이다. 이 건물을 사는 사람 입장에서는 2~3년치 상승할 가격을 주고 사도 그 이상 버티면 무조건 돈을 번다는 믿음이 있기 때문에 현재의 시세보다 비싸게 사게 된다. 핫하다고 하니 사려는 사람은 늘고 팔려는 사람은 적다. 이런 구조에서 부동산 가격은 실제 장사매출을 앞서게 된다.

새롭게 건물을 산 사람은 이제 임대수익을 따져본다. 너무 비싸게 샀기 때문에 임대료를 최대한 올려야 한다. 상가임대차계약을 맺으면 최소 5년 계약이다. 그러니 앞으로 장사가 더 잘 될 것까지 고려해서 높은 임대료를 책정한다. 기존에 장사를 하는 사람은 지금의 매출 대비 너무 높은 임대료에 고민을 하고 옮기게 되는 것이다. 그래서 빈 가게가 늘어난다.

가게를 옮긴 사람은 어디서든 다시 가게를 해야 한다. 이 골목에서 떠나 임대료가 저렴한 가게로 간다. 이들이 모이면 새로운 명소가 탄생한다. 그리고 그 지역 임대료가 다시 오른다. 이렇게 전국의 골목들 임대료가 계속 오르고 있다. 이를 젠트리피케이션이라고 명칭한다.

결국 젠트리피케이션은 사람들의 쏠림현상과 기대감이 만들어 내는 것이다. 사람이 몰리면 돈이 되는 세상에서 장사를 하는 사람은 이 쏠림이 당장은 즐겁지만 한편으로 다시 떠나야 한다는 고민을 주는 요소가 된다. 그리고 그 쏠림이 무서운 것은 사람들이 한 번 오고 난 여행지를 보통 두 번은 가지 않듯이 OO단길이 늘어날수록 이곳을 두 번 이상 방문하는 경우가 낮아진다는 것이다. 순간적인 트래픽 증가는 부동산 가격만 올려놓을 뿐 가게의 지속적인 매출 증가에는 도움이 되지 않는다. 그래서 부동산 가격과 고객증가의 불일치가 발생하고 계속 떠나게 되는 현상이 벌어진다.

낡은 고택이나 건물을 사서 도시재생과 관련된 사업을 하면 주택도시보증공사에서 지원금을 받을 수 있다. 사업비의 최대 90%까지 대출이 나오기 때문에 좋은 아이디어만 있다면 내 돈을 거의 들이지 않고 사업을 시작할 수 있고 장사로 돈을 벌다가 이 지역 가격이 오르면 되팔아서 매각차익을 낼 수 있다. 국가는 도시재생을 세금을 들이지 않고 대출로 해결이 가능하고 투자자는 이 방식으로 사업을 겸한 부동산 투자가 가능하니 애덤 스미스의 보이지 않는 손처럼 서로의 이익이 맞았을 것이다.

이렇게 우리가 모르는 사이에 이 방법으로 누군가는 돈을 벌고 있다. 도시재생에 대한 아이디어를 공모해서 도시재생계획을 만들고 추진은 국가나 지자체가 직접 하고 임대료 안정을 꾀해야 지속적인 명소로서 유지가 된다는 생각이다. 이를 개인에게 맡기면 계속 젠트리피케이션이 벌어질 수밖에 없다.

바다

강원도는 제2의 제주도가 될 수 있을까?

사람들은 바다가 있는 곳으로의 여행을 선호한다. 도시에서 볼 수 없는 시원한 풍경은 보는 것만으로도 스트레스를 풀어준다. 그래서 예전에도 지금도 인기 있는 관광지들은 기본적으로 바다를 끼고 있다. 해운대, 여수, 강릉, 속초, 남해, 제주도 등에는 계속해서 많은 호텔, 리조트가 건설되고 있다. 외국에 가도 유명한 여행지는 대부분 바닷가에 있다. 홍콩, 싱가포르, 다낭, 오사카, 괌, 하와이, 시드니, 런던, 뉴욕, LA, 밴쿠버 등 모두 바다가 있다. 지상에서의 볼거리와 바다에서의 볼거리를 모두 가지고 있어 다양한 관광이 이뤄진다.

산도 좋지만 바다가 사람들의 사랑을 더 많이 받는 이유는 확 트인 바다와 그 도시가 주는 기억이 더 오래 저장되기 때문이다. 푸른 바다를 눈으로 보는 시각적 즐거움, 바다에서 수영을 하는 촉각적 즐거움, 파도의 소리를 들으며 마음이 편해지는 청각적 즐거움이 같이 들어오기 때문에 바다에서 여행을 한 기억이 잘 사라지지 않는 것이다.

기억에서 사라지지 않는다는 것은 추억이 되고 재방문을 하게 될 확률이 높다는 의미이기도 하다. 그리고 산은 밤이 되면 달리 할 일이 없고 위험하다는 이미지가 있는데 바다는 밤에 파도소리를 벗해 놀기가 좋다. 그래서 가게를 차린다면 산이 아니라 바다에 차려야 장사가 잘 된다.

2013년에 간 제주도는 낭만이 넘쳤다. 서울에서는 볼 수 없는 풍경들과 이색적인 식당과 카페들, 사람을 이어주는 게스트하우스는 정이 넘쳐났다. 그래서 도시에 지친 사람들이 제주도로 몰려들었다. 사람들은 감성 가득한 숙소와 가게에서 힐링을 만끽했다.

사람들이 모여들자 제주도는 급격하게 바뀌었다. 제주도가 너무 좋아 서귀포에 집을 사려고 했는데 결심을 늦춘 사이 제주도의 부동산 가격은 미친 듯이 올랐다. 써먹기도 어려운 귀퉁이 땅이 바닷가 근처라는 이유로 10억을 부르는 일도 생겼다. 가격이 비싸지자 도시에 지친 사람들도 선뜻 제주도에서 새로운 시작을 하기가 부담스러웠다.

그러던 차에 중국관광객이 급격히 줄면서 제주도도 서서히 침체기로 접어들었다. 젊은 청춘들은 바닷가의 다른 곳을 찾기 시작했다. 마침 서울-양양고속도로가 생기면서 2시간으로 거리가 좁혀졌다. 서핑 붐이 일어났고 속초-양양-강릉 일대의 해변에 감성 넘치는 가게들이 생겨나기 시작했다.

코로나19로 해외여행을 할 수도 없는 상황이 오자 강원도 해변은 제주도의 대체지가 되었다. 비행기를 타고 렌트카를 빌려야 하는 수고로움이 사라지고 가고 싶을 때 아무 때나 서울에서 2시간만 운전하면 갈 수 있는 곳이 되었다. 편리함이 강원도를 발전시키고 있다.

양양은 속초나 강릉에 비해서 개발이 늦게 된 곳이다. 사람이 많이 살지 않는 이곳은 양양공항, 고속도로가 생기면서 교통이 좋아졌고, 서핑을 하기 좋은 바다로 서핑을 즐기는 사람들이 찾는 곳이 되었다. 특히 하루 종일 바다에서 놀고 밤에는 파티를 하며 논다. 당연히 이들을 위한 식당, 숙소, 카페들이 생겨나기 좋은 조건을 갖추게 된다. 그래서 해안가 부동산 가격은 몇 년 사이에 급격히 상승했다. 지금은 한창 사람이 모이는 시기라 가격이 더 오를 수 있겠지만 가격이 오르면 음식가격이 오르게 되고 사는 사람도 파는 사람도 부담을 느끼게 된다.

그리고 동해안은 길다. 긴 해안선을 따라 수많은 해수욕장이 존재한다. 한 곳이 비싸지면 옆으로 자연스럽게 이동을 하면서 계속 관광지가 확장될 가능성이 높다. 대체지가 많기 때문에 수요가 늘어도 제품가격 상승이 빠르지 않고 그에 맞게 공급이 확장될 수 있는 곳이다. 처음에는 관광 위주의 시설들로 채워지겠지만 시간이 지나면 이곳에서 세컨하우스를 갖고 싶은 사람들을 위한 시설로 바뀔 것으로 보인다.

코로나19는 캠핑과 세컨하우스 수요에 불을 지폈다. 비좁은 곳에서 답답함을 느끼던 사람들이 마스크를 끼고 이동에 제한이 생기자

답답함은 더 커졌다. 그러면 반발작용이 나오는데 그것이 사람이 거의 없는 넓은 공간에서 마음껏 자유를 누리고 싶은 마음이다.

캠핑은 사람이 없는 곳에서 자연을 나홀로 즐길 수 있는 레저이다. 그래서 캠핑카 수요가 급격히 증가하고 있다. 자연을 여기 저기 거닐며 발길이 닿는 곳이 집이 되고 호텔이 된다. 캠핑 예능도 자연스럽게 증가하고 있다. 수요가 있는 곳을 따라 방송의 트렌드가 결정된다. 해외여행을 하던 연예인들이 캠핑카에서 대화를 나누는 모습을 보게 된다.

그러면 투자자는 캠핑에 미리 투자하면 어떨까? 2015년 이후 해외여행수요가 급격히 늘면서 여행, 항공, 호텔, 쇼핑, 카지노 관련주들의 주가가 급상승했다. 캠핑이 뜨기 시작했으니 캠핑과 관련된 주식들을 투자하는 방법들도 있을 것이다.

캠핑이 주력 매출인 주식은 현재 없다. 일부 사업 중 캠핑 관련 영향을 받는 기업들이 있는데 앞으로 캠핑의 수요가 늘어나면 사업의 주력을 캠핑으로 바꿀 수도 있을 것이다. 국내뿐만 아니라 전 세계가 코로나로 인해 캠핑이 활성화되고 있다. 시선을 국내에 두지 말고 해외로 넓혀 볼 수도 있다.

여유가 있는 사람들은 세컨하우스를 좋아한다. 이제 재택근무가 일상화될 것이고 자녀들도 원격수업이 제도화될 가능성이 높다. 가족끼리 세컨하우스에서 일하고 공부하며 쉬는 문화가 생길 것이다. 컴퓨터와 웹캠만 있으면 어디서든지 일하고 공부를 할 수 있는 세상

　　　　　　6장 여행에서 돈을 보다

이 왔는데 굳이 서울에 비좁게 있을 이유가 없어졌다. 그런 이유에서 산과 바다를 모두 가지고 있는 강원도는 지금보다 더 높은 가치를 인정받을 가능성이 높다.

이렇게 여행을 다니다 보면 새로운 것들이 발견되고 돈 냄새를 맡게 될 기회가 늘어나게 된다. 우연히 좋은 기회를 발견하면 평생 여행할 돈을 벌 수도 있기에 번거롭더라도 여행과 투자를 같이 병행하는 습관을 들였으면 한다.

투자여행

해외여행 가서 현지 주식 투자하기

본격적으로 해외여행을 가기 시작한 것은 서른 살부터였다. 해외여행은 굉장히 이색적인 경험이었고 많은 생각과 아이디어를 던져주었다. '저 나라는 이게 되는데 우리나라는 왜 안 될까?' '이렇게 하면 나라가 망하는구나'라는 생각을 수도 없이 하게 되었다. 경험하는 모든 것들을 한국과 비교하다가 어느 순간부터는 그 나라의 문화를 이해하기 시작했다. 그러면서 그들의 좋은 것들을 어떻게 하면 응용할 수 있을까를 고민해보고는 했다. 서른 살 이후로는 최소 1년에 4개국은 가다 보니 여권에 꽤 많은 도장이 찍혀 있다.

처음에 여행을 다니면 사람들은 기념품을 산다. 나도 처음에는 기념품을 사서 사람들에게 나눠줬다. 하지만 기념품이라는 것이 나에게는 기념이 되지만 가보지 않은 이들에게는 그다지 감흥이 없다. 그래서 나중에는 나를 위한 기념품을 샀는데 스타벅스에서 파는 지역명이 새겨진 컵을 사서 모았다. 그런데 컵이 생각보다 비쌌고 딱히

개성도 없어 보였다.

그 후에는 여행하는 지역이 늘어나면서 한 번 간 곳을 또 가게 되는 경우가 많아졌다. 한 국가를 여러 번 가게 되면 그 나라 여행준비를 할 필요가 없다는 장점이 생긴다. 나름 잘 알기 때문에 익숙해지고 처음에는 보이지 않았던 것들이 차차 보이게 된다. 더 좋은 장점은 그 나라 돈을 환전하고 남은 돈을 처리하기 어려워 방치하는 경우가 많은데 한 번 더 가게 되면 그 돈을 쓸 수 있다는 점이다. 그러다가 더 꾀가 나서 그 나라 돈을 들고 오는 대신 현지에서 은행계좌를 만들면 이자도 받고 돈 보관도 편하지 않을까 하는 생각이 들어 계좌개설을 시도했다. 비자나 거주증이 없어도 여권만으로 계좌개설이 가능했다. 그러면서 투자자의 본능이 살아났다. 혹시 주식계좌도 개설되냐고 물어보니 가능했다.

그렇게 몇몇 국가에서 은행계좌와 주식계좌를 개설해두었다. 계좌 개설 이전과 이후의 여행은 내게 그 나라를 보는 시각을 바꿔주었다. 이제 여행이 돈으로 보이기 시작한 것이다. 아직 현지인들은 주식이 뭔지도 모르는 나라들에서 나는 그들보다 먼저 기회를 잡을 수가 있었다. 본격적으로 투자를 하려고 한 순간 코로나가 유행해서 투자를 시작하지 못한 상태지만 여행의 패러다임이 바뀌게 된 것은 사실이다.

성장하는 국가는 도로, 철도, 항만이 먼저 바뀐다. 외국기업을 유치하려면 그들이 사업하기 좋은 인프라를 설치해야 한다. 인프라가 완료되기도 전에 벌써 수많은 투자가 이어지기 시작한다. 눈으로 보고 투자하면 늦다는 것은 국내든 해외든 공통된 투자공식이다. 먼지가 풀풀 날릴 때 청사진을 볼 수 있어야 하고 확신을 가질 수 있어야 기회가 온다. 라오스의 고속철도역 공사현장, 베트남의 위성도시 건설현장, 태국의 동부개발계획 지역 현장, 인도네시아의 드라이 포트 등을 관광객의 신분으로 돌아다녔다. 택시기사에게 부탁하거나 현지인의 도움을 받아 남들이 볼 수 없는 곳들을 볼 수 있었다.

그 나라의 마트에 가도 좋은 것들을 볼 수 있다. 그들이 무엇을 주로 사고 어떤 제품이 인기가 있는지를 대략적으로 파악한 후 인터넷으로 조사를 해보면 꽤 괜찮은 기업들을 발견할 수가 있다. 동남아의 개발도상국들은 우리나라의 1960~90년대 모습을 보이고 있다. 우리나라는 이때 어떤 업종들이 크게 성장했는지를 기억한다면 어디에 투자해야 성공확률이 높을지를 가늠할 수 있다.

해외투자에서 조심해야 할 것은 리스크 관리다. 얼마나 더 많이 벌 수 있는가가 아니라 얼마나 확률이 높은가에 초점을 맞춰야 한다. 외국인은 현지의 정보를 취득하는데 둔하다. 빠른 대처가 어려워 확률이 높은 곳에 투자를 해야 안전하다. 그 나라 증권사에 현지인 친구들을 만들어 둔다. 그리고 그 나라를 방문할 때마다 그들과 식사를 하고 친해지면서 현지의 정보를 최대한 많이 들으려고 노력한다.

그 나라의 문화를 이해하면 돈이 보인다. 인도네시아는 발리섬을 제외한 나머지 전역은 종교적인 이유로 국민들이 술을 마실 수 없다.

하지만 사람의 본능은 똑같다. 스트레스를 받고 이를 풀고 싶어 하는 존재다. 그럼 기호품 중 술을 할 수 없으니 남은 것은 담배밖에 없다. 그런데 인도네시아는 위도상 기후가 좋아 고품질의 담배가 자란다. 여기에 세계 4위 인구를 가진 나라다. 그럼 이 나라의 담배회사 투자는 안전한 성장주가 될 수 있다.

정치제도나 기업의 문화를 이해하면 어디에 투자하는 것이 가장 유리할지 힌트를 얻을 수 있다. 우리나라는 금융과 산업이 분리되어 있다. 그런데 많은 신흥국가들은 금융과 산업이 분리되어 있지 않다. 태국의 어떤 은행은 1,000개에 가까운 계열사를 두고 있다. 계열사의 경우 대출에 관대할 수밖에 없고 은행을 모기업으로 둔 기업은 자금 공급이 원활해 경쟁에서 유리한 고지를 가진다. 국가산업이 발달할 수록 알짜 기업들을 보유한 은행은 더 많은 대출을 하고 더 많은 이자를 얻어 더 많은 수익을 얻을 수 있다. 그럼 신흥국 은행투자는 금융권 부실문제가 없다는 전제하에 매우 쉬운 투자가 된다.

굳이 해외투자를 해야 하는가에 대해서 묻는 사람들이 많다. 사람이든 기업이든 국가든 성장을 하는 시기가 있고 멈추는 시기가 있다. 급격하게 성장하는 국가를 개발도상국이라고 하고 성장이 완숙해진 국가를 선진국이라고 한다. 개발도상국은 빠른 성장 덕에 고금리, 고물가, 고임금 상승의 문제를 가지고 있다. 그래서 국가는 돈을 지속적으로 풀고 현금의 가치는 빠르게 하락한다.

노동자들의 임금이 상승하는 속도만큼 구매력이 늘어나고 자산의 가치도 빠르게 상승한다. 이 속도를 성장이 끝난 선진국들이 따라갈 수가 없다. 그래서 선진국들의 자금도 신흥국으로 계속 넘어오고 있다. 돈에는 국경이 없다. 수익이 좋고 확실하다면 그곳으로 쏠려간다. 그렇게 중국이 성장했고 인도가 빠르게 성장하고 있다. 성장하는 것을 눈으로 지켜보는 것은 누구나 할 수 있다. 하지만 그 성장에 투자해서 위험과 수익을 함께 하는 것은 실천하는 사람만이 가져갈 수 있다.

해외여행으로 즐거운 시간을 가지면서 남들이 찾지 못한 기회를 찾아 인생을 바꿔보는 것도 좋을 것이다.

7장

스포츠 인문학으로 보는 투자의 지혜

야구 1

•

누구에게나 3번의 기회가 온다

사람들이 야구를 좋아하는 이유는 야구와 인생이 서로 닮은 데가 있기 때문이다. 솔직히 어느 팀이 이기든 나와 무슨 상관이 있겠는가? 그러나 애정을 가졌던 팀이 이기면 내가 이긴 것처럼 기쁘고, 지면 같이 슬픈 이유는 나 또한 이 팀의 일원이라는 동일시 현상 때문인 것 같다.

처음에는 야구가 재미있어서 봤고, 선수들의 플레이가 하나씩 눈에 보이기 시작해서 봤고, 나중에는 팀의 전략이 눈에 보이기 시작해서 봤다. 선수들이 플레이를 하듯이 나 또한 한 프로젝트에 최선을 다하다가 시간이 지나면 팀의 전략을 짜듯이 인생의 방향을 설계하는 모습이 닮아 있었다. 그래서인지 야구를 좋아하기 시작한 사람은 관 속으로 들어갈 때까지 야구를 좋아한다고 한다.

야구는 규칙이 많은 스포츠다. 이 규칙은 인생을 닮았다. 타자가 타석에 들어오고, 투수가 던진 공이 구역으로 제대로 들어오면 심판은 스트라이크를 외친다. 안타를 칠 수 있는데도 놓쳤으므로 기회를 하나 날린 셈이다. 스트라이크 하나로 타자는 아웃되지 않는다. 스트라이크 두 개로도 타자는 아웃되지 않는다. 하지만 스트라이크 세 개가 되면 타자는 아웃되고 타석에서 물러난다. 인생에서 기회가 3번은 온다는 말이 있듯이 야구도 타자가 안타를 칠 수 있는 기회를 3번준다. 타자는 3번 안에 한 번만 안타를 치면 된다.

그렇기 때문에 지금의 실패는 잊어도 되고 투수가 던지는 다음 공이 스트라이크인지 볼인지, 칠 것인지 말 것인지만 집중하면 된다. 인생도 마찬가지다. 기회는 오고 우리는 그 기회를 놓치기도 하지만 놓친 기회를 되뇌고 후회할 필요는 없다. 앞으로 올 기회를 준비하고 방망이를 휘두를 준비에 집중해야 한다. 어제의 기회에 연연하면 오늘의 기회를 또 놓치게 된다.

주식투자도 이와 비슷하다. 주가가 많이 올라서 못 샀다고 낙심하거나 고점에 따라 살 필요는 없다. 카카오는 2011년에도 2014년에도 2017년에도 15만원이었다. 그리고 고점 돌파를 실패해 10만원 아래로 내려갔다. 카카오를 살 수 있었던 타이밍은 2013년, 2016년, 2018년이었다. 그리고 2020년 코로나 이후 카카오는 40만원을 돌파했다.

코스피도 마찬가지다. 2003년에 카드사태로 인해 코스피 지수는 500이었다. 이후 2,000까지 오른 후 2008년 글로벌 금융위기로 900 밑으로 내려앉았다. 다시 코스피는 상승하면서 2,600을 돌파했지만

2020년 코로나 위기로 인해 1,500 이하로 내려앉았다가 V자 반등을 보이며 3,000을 넘겼다. 저점이 500, 900, 1,500으로 계속 높아지고 있지만 20년간 3번의 스트라이크가 있었다. 물론 또 저점이 나올 수 있고 그때 투자하면 된다.

부동산도 이와 다르지 않다. 경기가 냉각되면 금리가 하락하고 이 시기에는 집값이 크게 오르지 못한다. 금리가 상승하는 시기에는 집값이 본격적으로 상승한다. 2007년까지는 경기 활황이 오고 금리가 상승하면서 전국의 아파트 가격이 크게 올랐다. 증시도 이때 2,000을 처음으로 돌파했다. 하지만 2008년에 큰 위기가 오고 증시와 부동산 모두 큰 타격을 받았다. 이후에 경기가 회복을 하면서 증시와 부동산도 어느 정도 회복하는 모습을 보였다. 하지만 2011년에 유럽 위기로 한 번 더 충격을 받았고 금리가 바닥에 머물면서 증시는 잠시 멈추었다. 부동산은 2014년쯤을 바닥으로 계속 상승했다. 이제는 금리가 내려도 증시와 부동산 모두 상승하고 있다. 위기의 규모보다 유동성 공급의 규모가 더 컸기 때문이다.

금리가 내리는데 증시와 부동산이 오르는 기이한 현상을 보고 있지만 다시 방향을 잡을 것으로 보고 있다. 투자자는 그저 싸게 살 수 있는 기회가 오면 매수를 하고 비싸게 팔 수 있는 기회가 오면 매도하면 된다. 너무 복잡하게 생각하면 스스로 오류를 범할 수 있다.

7장 스포츠 인문학으로 보는 투자의 지혜

야구 2

변칙 수비 시프트에서 투자 아이디어 찾기

우리가 처음 운동이나 재테크를 배울 때는 교과서대로 정석을 배운다. 일반적인 상황에서는 이 방법이 가장 무난하고 옳기 때문이다. 하지만 경기에서 이기기 위해서 또는 돈을 벌기 위해서는 정석만 가지고는 이길 수가 없다.

자신의 특기를 활용한 변칙 전략을 가지고 있어야 경기든 재테크든 이길 확률이 높아진다. 이기기 위해서 야구에서는 변형수비를 자주 사용한다. 변형수비를 하면 오른쪽으로 쏠리거나 왼쪽으로 치우치거나 타자에 따라서 독특한 위치가 나온다. 이유는 상대가 치는 공이 그쪽으로 올 확률이 높기 때문이다. 가장 확률이 높은 쪽에 수비가 모여 있으면 상대방이 공을 잘 쳐도 아웃이 될 가능성이 높다.

그럼 상대가 그 쪽으로 공을 자주 보내는지는 어떻게 알까?

빅데이터다. 그 동안 저 선수가 어디로 공을 보냈는지를 보면 어디에 수비를 배치해야 가장 효율적인 수비를 할 수 있는지를 알 수 있다. 데이터를 만드는 것은 어려운 일이지만 데이터를 가지고 있으면 상대보다 내가 더 유리한 경기를 하게 되는 것이다. 즉, 데이터가 무기고 데이터가 실력이다. 투자에서도 마찬가지다. 투자에 대한 데이터를 가지고 이를 해석해서 가장 확실히 돈을 벌 수 있는 곳에 투자를 해야 한다.

부동산의 경우 교통망 개발 계획, 도시 개발 계획, 매매지수, 전세지수, 입주물량 등을 보면서 앞으로 가장 많이 오를 곳에 투자를 한다. 아무데나 사는 것보다 이렇게 데이터상 유리한 지역에 투자하면 돈을 벌 확률이 더 올라간다.

주식의 경우에도 기업의 PER, PBR, ROE를 알고, 금리, 유가, 환율, 정책 등을 고려해서 이전과 가장 유사한 사례를 찾고, 그 때는 어떤 주식이 얼마나 올랐는지를 알아내면 지금 어디에 투자하는 것이 가장 성공할 확률이 높은지를 알 수 있다.

예를 들어 코로나 상황에서 가장 유리한 투자가 무엇인지 알고 싶다면 중동발 오일쇼크, 2008년 금융위기, 스페인독감, 사스, 메르스 등 다양한 유사사례를 놓고 지금 무엇에 투자할지 무엇을 팔지를 결정할 수가 있다. 그래야 대중의 말에 휩쓸리지 않는다.

데이터가 아닌 또 다른 형태의 변형수비도 있다. 정상적인 2루수보다 훨씬 뒤에서 수비를 보는 '2익수'들이다. 왜 자기 자리가 아닌 좀 더 뒤에 있을까? 그 이유는 좀 더 뒤로 가서 수비를 하면 안타가 될 것을 아웃으로 만들 수 있기 때문이다.

안타가 될 것이 몇 개라도 아웃이 되면 상대는 점수가 날 기회가 좀 더 줄어든다. 두산 베어스는 고영민, 오재원으로 이어지는 2익수 전략을 써왔고, 계속 한국시리즈에 진출하고 있다. 하지만 아무나 2익수 전략을 쓸 수 없다. 더 뒤에서 잡는 만큼 글러브에서 공을 더 빨리 던져야 하고, 도움스텝 없이 강한 어깨로 더 빠르게 던져야 한다. 자신만의 특기를 활용해서 수비를 더 강하게 하는 것이다.

우리도 재테크에 있어서 성공하려면 자신의 장점을 극단적으로 활용해서 새로운 재테크 전략을 만들어야 한다. 본인이 사교성이 좋고, 사람들에게 호감을 이끌어 낼 수 있다면 주식보다는 부동산에서 더 성공하기 좋은 조건을 가진 것이고, 빅데이터를 전공한 사람이라면 부동산이나 주식투자를 할 때 새로운 기법으로 투자를 해볼 수가 있을 것이다.

나도 주식투자를 할 때는 인문학을 많이 활용한다. 사람의 본성과 심리, 국가의 철학, 사업의 독점, 트렌드를 보면서 투자에 있어서 새로운 발상을 많이 하고 있다.

추리를 하기도 하는데 형사가 범인을 잡듯이 부동산을 투자할 경우 현장을 샅샅이 훑어본다. 지도도 보고, 개발계획도 보고, 사람들에게 물어보고, 부동산도 가보고, 대중교통도 타보고, 낮에도 가보고, 밤에도 가보면서 혹시 내가 빠뜨린 정보는 없는지 그리고 어떤 이유 때문에 여기가 좋다고 생각하는지 계속 생각한다.

그러다가 번뜩이는 무언가가 생각나지 않으면 투자하지 않는다.

주식도 부동산도 인문학과 추리를 통해서 많은 것들을 찾았고 수익을 냈다. 접근 방식이 조금 다른 이유는 남들과 똑같아서는 우위에 설 수 없기 때문이다.

그래서 재테크를 시작하는 사람이라면 책을 읽는 것도 좋고, 현장을 답사하는 것도 좋지만 자신이 가진 강점을 최대한 살려서 재테크에 활용했으면 좋겠다. 인맥이 강점이 될 수도 있고, 머리가 강점이 될 수도 있고, 목소리가 강점이 될 수도 있다.

농구

3점슛을 자주 던지지 않는 이유

농구는 슛을 성공시켜도 어디에서 어떤 방법으로 넣었는가에 따라 점수가 달라진다. 상대의 반칙으로 인해 자유투를 성공시키면 1점, 외곽선 안에서 던져서 슛을 성공시키면 2점, 외곽선 밖에서 던져 넣으면 3점이 된다. 그래서 공격기회가 왔을 때 외곽선 안에서 슛을 넣는 것보다는 외곽선 밖에서 3점슛을 성공시키는 것이 더 큰 점수를 낼 수 있다.

하지만 농구경기를 보면 3점슛을 시도하는 경우가 많지 않다. 한국 프로농구 18-19시즌 통계를 보면 2점슛 비율이 57%, 3점슛 비율이 28%였다. 3점슛보다는 최대한 안으로 파고들어 2점슛을 넣으려고 한다. 왜 그럴까?

3점슛은 기본적으로 성공률이 낮기 때문이다. 기댓값을 적용해보면 3점슛이 효과적인지 아닌지 알 수 있다. 2019년 대학농구리그에서 3점슛 성공률이 30% 미만인 팀은 8팀이었다. 프로팀도 30% 수준이다. 그럼 현실적으로 국내에서는 기대값이 3점×30% = 0.9점이 나온다.

반대로 2점슛은 성공률이 높다. 국내 프로농구팀은 50~56% 정도가 나온다. 우수한 팀을 기준으로 55% 성공률이라고 보면 기댓값이 2점×55%=1.1점이 나온다. 즉, 3점슛을 하는 것보다 2점슛을 시도 하는 것이 더 유리하다고 볼 수 있다.

투자도 이와 같다. 위험하지만 높은 수익을 낼 수 있는 투자를 하는 것보다 안전하고 확실한 수익을 얻는 투자가 길게 보면 더 높은 수익을 내는 경우가 많다. 주식으로 세계 부호 2위까지 오른 워런 버핏이 항상 하는 말이 원금을 잃지 말라는 말이다. 원금을 잃을 가능성이 있는 투자를 하면 길게 갈 수 없다는 말이기도 하다.

어떻게 보면 월스트리트에서 가장 뛰어난 투자가는 워런 버핏이 아니라 제시 리버모어다. 15살에 5달러로 투자를 시작해서 1929년에는 1억달러를 벌어들인 천재 투자가다. 당시 1억달러는 지금 기준으로 치면 2조원 정도의 가치를 지닌 돈이다. 제시 리버모어는 전형적인 3점슛 투자자였다.

공매도를 통해 증시가 크게 하락할 경우 큰돈을 버는 투자를 즐겨했다. 그래서 1907년에 주가붕괴로 300만달러, 1929년 1억달러를 벌었으나 위험한 투자를 하는 만큼 수차례 파산을 겪었다. 그의 말년은 더 암울했는데 63세에 권총자살로 화려했던 삶을 마무리했다.

2점슛을 꾸준히 던진 워런 버핏과 3점슛을 던진 제시 리버모어의 삶의 결과가 다른 것을 보면 투자에 있어서 승부수를 자주 던지는 것은 좋지 않다고 볼 수 있다. 하지만 지금도 누군가는 급한 마음에 3점 슛을 던지고 있다. 주식에서는 급등주에 많은 사람들이 몰리고 있고 부동산에서는 패닉바잉이 벌어지고 있다. 내 마음이 급하다고 해서 수익률이 더 올라가는 것이 아니다. 현명하게 바라보는 눈이 필요하다.

주식에서 3점슛이라고 불리는 투자는 바이오주다. 바이오주는 투자가 성공하면 큰돈을 벌 수 있지만 만약 실패하면 손실률이 굉장히 큰 투자가 된다. 임상 결과가 성공할지는 월드컵에서 대한민국이 16강에 진출할지 맞히는 수준과 같다. 내가 변수를 통제할 방법이 없는 오로지 기도매매에 의존해야 하는 투자법이다.

지인이 신라젠과 헬릭스미스(구, 바이오메드)에 투자를 크게 하면서 나에게 권유를 했으나 나는 관심을 가지지 않았다. 이후 주가는 크게 올랐지만 그때나 지금이나 바이오주는 쳐다보지 않고 흘려보냈다. 어느날 들려온 소식들을 듣고 차트를 확인해보니 주가는 이미 저세상으로 가버렸다. 15만원이 넘던 신라젠은 만원 이하로 머물다가 거래정지를 당했고, 18만원을 넘던 헬릭스미스는 2만원 아래까지 갔다가 지금은 3만원에 머물고 있다.

만약 신라젠에 1억을 넣어 고점에 물렸다면 지금 9500만원 손실을 봤을 것이고, 헬릭스미스에 1억을 넣어 고점에 물렸다면 8400만원의 손실을 봤을 것이다. 소중하게 번 돈을 한 순간에 날릴 수도 있는 투자가 3점슛 투자라는 점을 명심하자.

축구

인생을 오버래핑 하자

축구 경기를 볼 때 윙백, 풀백 선수들을 유심히 지켜본다. 경기에서 주목받는 선수들은 공격수거나 스타선수, 잘 생긴 선수들이지만 풀백은 주목보다는 경기의 판을 바꾸는데 많은 역할을 하기 때문이다. 왜 풀백이 경기의 판을 바꾸는지를 알면 인생에서 성공하는 방법도 이와 다르지 않다는 것을 알 수 있다.

축구용어인 오버래핑이란 수비수가 공격진영까지 달려가 공격에 가담하는 것을 말한다. 축구는 11명이 하는 게임이다. 공격수가 있고, 수비수가 있다. 상대방에 골을 넣기 위해서는 공격수가 많을수록 유리해진다. 반대로 상대의 공격을 방어하기 위해서는 수비수가 많을수록 유리하다. 즉, 공격할 때도 수비할 때도 숫자가 많아야 유리하다는 것인데, 문제는 그 넓은 축구장을 전원공격 전원수비를 하며 90분 동안 뛸 수 있는 선수는 없다는 점이다.

그래서 포지션, 포메이션이라는 것을 정한다. 수비수, 공격수, 그리고 공격과 수비를 돕는 미드필더 이렇게 말이다. 그 중에 수비수 자리에서도 양 사이드에 있는 풀백의 역할을 보자. 일반적으로 축구에서 수비수를 4명을 세워 놓는데 양쪽 끝을 보는 수비수인 풀백은 수비를 보면서도 공격에 가담하는 역할을 한다.

공격 찬스가 오면 최전방에 공격수 숫자가 4명이 되는데 4명으로는 상대의 많은 수비를 헤집고 골을 넣기가 쉽지 않다. 그래서 풀백이 위로 올라와 공격에 가담한다. 그러면 상대방 측면수비수는 혼자서 둘을 상대해야 하니 수비가 쉽게 뚫리게 된다.

이를 막기 위해서 안쪽의 수비수가 측면으로 나오게 된다. 이럴 경우 골대 근처에 있는 공격수는 수비수 한명이 사라지니 골을 넣기가 더 쉬워지는 것이다. 그렇기 때문에 풀백들은 먼 거리를 달려와 공격에 가담하는 것이다.

하지만 모든 공격 상황에 풀백들이 가담하는 건 아니다. 체력이 문제가 되기 때문이다. 그래서 10번 정도 공격을 나갈 상황이라면 확실하다 싶은 5번 정도 상황에 나가게 되는 것이 보통이다. 만약 체력이 좋다면 6번, 7번 더 나갈 수 있는 것이고 더 많은 득점기회가 발생한다. 훌륭한 풀백들은 보통 다 체력이 좋다. 우리나라만 해도 이영표, 차두리, 조원희 등 체력이 우수한 선수들이 있었고, 외국에서는 카를로스, 카푸, 람 등이 있다.

오버래핑의 문제는 수비진영을 비우고 공격에 가담하게 되면 수비가 텅 비게 되고, 상대 역습이 들어오면 골을 먹힐 가능성이 높아진다는 것이다. 그러면 먼 거리를 나간 상태에서 전속력으로 달려와 수비를 해야 하니 엄청난 체력이 소모된다. 그래서 풀백의 제1조건은 체력이고 패스성공률이 높아야 한다. 그래서 체력 좋고 스피드 빠른 풀백이 얼른 수비로 가담해줄 수만 있다면 중앙미드필더를 좀 더 공격적으로 활용 가능하다. 이런 팀은 강력한 공격력을 가진 팀이 된다. 다른 팀보다 공격할 때 공격 숫자가 더 많기 때문이다.

돈을 벌 때도 남보다 돈을 벌 기회가 더 많이 주어져야 성공할 가능성이 높다. 그리고 풀백처럼 부지런히 움직여서 기회를 많이 만들어 내야 한다.

축구에서는 1골만 넣어도 이길 수 있다. 인생도 성공 한 번으로 승리한 삶이 될 수 있다. 그런데 그 한 번의 성공이 정말 어렵다. 여러 장애물들이 성공을 가로막고 있기 때문이다. 학벌, 가문, 외모, 인맥, 능력 등 다양한 이유의 장애물들이 여러분의 성공을 계속 가로막는다.

그런 상황에서는 포기하는 것이 아니라 성공을 할 수 있을 만한 기회를 더 늘려가야 한다. 중앙 공격이 실패하면 다른 분야를 통해 측면 공격도 해보고, 후방에서 공격도 해보면서 인생의 한 골을 터뜨리기 위해 계속 두드려야 한다. 그러다 보면 어느 한 순간 장애물이 사라지는 때가 있다. 그때 과감히 인생의 슛을 날리자. 그렇게 한 골을 넣는 것이다.

운동선수로는 은퇴했지만 방송에서 인생의 골을 넣은 사람도 있고, 가수로서는 큰 빛을 보지 못하다가 연기자로 성공을 하기도 한다. 우연한 실험을 하다가 생각지 못한 발견을 하기도 한다. X선과 페니실린도 그렇게 탄생했다. 한 번의 성공을 한 뒤부터는 인생이 바뀐다. 이후에는 멈춰도 되지만 자신감과 경험이 생겼으니 두 번째 골, 세 번째 골을 넣기가 더 쉬워진다.

인생의 오버래핑을 하기 위해서는 더 많은 기회를 살려야 하는데 그 더 많은 기회는 어디서 올까? 체력이 기본이다. 직장생활을 마치고 집에 들어오면 피곤하다. 쉬고, 눕고, 자고 싶다. 그렇게 3년, 5년, 10년이 가면 인생의 한 골을 넣는 일은 점점 어려워진다. 피곤해도, 힘들어도 계속 자기계발을 하고 투자를 하고 도전을 해야 한다.

물론 풀백이 경기 내내 10번 오버래핑을 나가도 성공하지 못할 때도 있다. 그러면 전략을 수정해야 한다. 수비수를 제칠 더 효과적인 전략을 짜야 한다. 우리도 체력과 시간을 쥐어짜서 저녁마다, 주말마다 공부하고 일해서 무언가에 도전했는데도 실패했다면, 전략의 수정이 필요하다. 그런 전략의 수정을 도와주는 것이 책이다. 10개의 책에서 하나의 아이디어를 뽑아내면 훌륭한 투자가 된 것이다. 그 열쇠를 가지고 한 골을 넣으면 되기 때문이다.

재테크를 하다보면 성공을 하기가 참 힘들다는 걸 느낀다. 주식이라는 공격수 혼자 인생의 한 골을 넣기 위해 고군분투하지만 세상이 그렇게 호락호락하지 않다. 그럴 때 부동산이라는 공격수도 있지만 이마저도 규제라는 수비수 때문에 쉽지 않다. 창업은 코로나라는 수비수 때문에 더 힘든 상태다. 이러면 재테크가 답답해진다.

이럴 때는 오버래핑을 통해 새로운 공격을 시도해보는 것이 좋다. 수비수 격인 채권투자, 금투자가 공격수가 될 수도 있다. 보통 주식이 장기간 하락하는 시기에는 채권투자가 수익률이 좋다. 금융위기나 달러의 가치가 떨어지는 시기에는 금투자가 수익률이 높다. 실제로 3달간 국내 채권펀드에 1조가 순유입 됐다고 한다. 그리고 금 가격은 올초에 1,500달러에서 2,000달러로 30%가 넘게 상승했다.

이렇게 투자를 하기 위해서는 본인이 여러 투자방법을 배워야 한다. 한 분야를 전문적으로 알고 있는 것도 좋지만 시간을 내서 새로운 투자도 공부를 하고 연습을 해서 나만의 무기로 만들어야 한다. 초반에 한 골 먹은 인생이라면 지금이라도 열심히 공격해서 인생의 두 골을 넣으면 된다. 결국 끝나기 전에만 이기면 되는 것이 축구고 인생이다.

쇼트트랙

꼴찌로 달리면 보이는 것들

대한민국은 쇼트트랙 종목에서 세계 정상을 차지하고 있는 나라다. 적수가 없다 싶을 정도인데 다른 나라 입장에서 보면 억울할 수도 있다. 아무리 열심히 해도 대한민국을 이길 수 없다는 점이 이해가 되지 않을 것이다. 1, 2, 3위를 우리나라가 모두 휩쓸어버리는 일도 종종 발생한다. 내가 외국인이라면 애초에 쇼트트랙을 시작하지 않을 것 같다.

우리나라 쇼트트랙 경기를 보면 다른 나라와 달리 독특한 전략을 취하는 것을 볼 수 있다. 때에 따라 다르겠지만 중요한 결승전을 보면 보통 우리나라 선수가 2명 정도가 나간다. 에이스는 꼴찌로 달리고 다른 선수는 선두권에서 치열하게 달린다. 그 과정에서 에이스는 뒤에서 힘을 모으며 다른 나라 선수들이 어떤 전략을 가지고 언제 치고 나가려고 준비하는지 판세를 읽어둔다. 그리고 결정적인 순간 본인이 가장 유리한 타이밍에 치고 나간다. 전략이 간파당한 상대팀은 이때 치고나가는 대한민국 에이스를 막지 못한다. 순간적인 폭발력을 가진 대한민국 선수들이기 때문에 할 수 있는 전략이다.

앞에서 달리면 뒤의 선수들이 어떤 전략을 쓰는지 보이지 않는다. 그러면서 두려움이 생기고 본인의 페이스대로 달리기가 어렵다. 앞에서 공기저항을 다 받아야 하고 뒤에서 치고나오는 선수들을 잘 견제해야 하기 때문에 신체적으로도 정신적으로도 불리하다. 하지만 뒤에 있으면 상황을 다 보면서 갈 수 있기 때문에 신체적, 정신적 소모가 적다.

재테크도 너무 앞에서 달리면 실패할 확률도 높고 효율도 떨어진다. 아무도 하지 않은 방법을 찾아 첫 시도를 하면 돈을 벌 확률도 높지만 정신적 피로도도 엄청나다. 앞서 전했듯이 조선주는 5년 호황과 10년 불황을 반복한다. 건설주는 17년 주기로 호황이 반복된다. 이런 주기를 알지 못하고 너무 일찍 사게 되면 주가하락과 끝없는 기다림으로 고생만 하게 된다.

건설과 조선, 철강은 17년 한센주기를 따른다. 2007년에 왔던 전성기가 다시 오려면 2024년이 되어야 한다. 그 전까지는 기나긴 불황으로 힘든 시절을 겪어야 한다. 그 사이 경쟁력이 약한 기업부터 무너지면서 구조조정과 통합이 시작되고 살아남은 기업들은 17년 뒤의 호황이 왔을 때 이전보다 더 큰 수익을 내게 된다. 실제로 철강업은 전세계적으로 강력한 구조조정이 실행되었다. 중국과 일본도 통합작업을 해서 회사가 많이 줄었다. 우리나라가 세계 1위를 하고 있는 조선도 많은 구조조정을 했다. 대우조선해양이 현대중공업으로 넘어가고 중국도 많은 조선사가 문을 닫는 등 공급감소가 있었다. 이후에 수주가 대거 몰려오면 이전보다 더 높은 단가를 받게 되고 이익을 살아남은 소수만이 독점하게 된다.

쇼트트랙에서 1, 2, 3위를 한 국가가 독점하는 경우가 있다. 메모리 반도체가 그런 상황이다. 처음에는 한국, 일본, 대만, 독일, 미국 등 여러 나라가 D램 메모리 반도체 사업에 뛰어 들었다. 한국은 후발주자였다. 늦게 시작했지만 상대 업체가 패착을 두는 것을 보고 실수를 최소화하고 기술개발속도를 올려갔다. 결국 1990년대 초반 삼성전자가 기술력으로 1위를 달성하며 다른 기업들을 따돌리기 시작했다. 이후 기술력을 빼앗긴 다른 나라들이 삼성전자를 공격하기 위해 가격경쟁을 펼쳤다. 2번의 치킨게임을 거치면서 치열한 전쟁 끝에 오히려 대만, 일본, 독일의 업체들은 망했고 살아남은 회사는 한국의 삼성전자, SK하이닉스, 미국의 마이크론이었다. 지금은 이 3개 업체가 점유율을 대부분 독점하며 수익을 나누고 있는 상황이다. 치킨게임을 종료한 이후부터 3개 업체의 주가는 계속 우상향하고 있다.

쇼트트랙에서 백미는 뒤에 있던 선수가 갑자기 치고 나가며 역전을 할 때다. 이때가 되면 TV를 보던 사람들이 일어서거나 소리를 지르며 열광한다. 여기서 카타르시스를 느끼는데 주식시장에서도 2위로 있다가 1위로 치고 나갈 때 주가가 가장 많이 오른다. 2015년 식품주가 한창 오를 때 라면 1위인 농심을 2위인 오뚜기가 제칠 듯한 모습을 보여줬다. 이 때 농심은 2배 상승하는데 그쳤지만 오뚜기 주가는 10배 상승했다. 2위가 1위를 제치면 주가상승은 과하게 일어난다. 그만큼 시장의 기대가 커지기 때문인데 1위를 제치지 못하면 주가는 과하게 올라갔던 만큼 다시 과하게 내려간다. 그래서 이런 투자는 장기투자로 적합하지 않다. 오히려 과하게 올랐을 때 전량매도하고 나오는 전략이 더 현명할 수 있다.

7장 스포츠 인문학으로 보는 투자의 지혜

감독

히딩크의 리더십과 CEO의 중요성

2002년 월드컵의 여운이 지금은 사라졌지만 2002년은 대한민국이 축구로 하나가 되던 해였다. 처음으로 한국에서 월드컵이 열렸고, 일본과 공동개최를 하는 바람에 꼭 16강에 가야 한다는 압박감이 있던 시기였다. 그래서 국가대표감독으로 외국인을 영입하는 신의 한 수를 두게 된다. 그 감독이 거스 히딩크였다.

히딩크 감독 영입은 대한민국으로서는 굉장히 파격적인 용단을 내린 것이다. 1998년 월드컵 본선에서 네덜란드를 이끌며 대한민국에 16강 진출 탈락을 안긴 적장이 히딩크였다. 그런 적장에게 거액의 돈을 주고 데려와 국가대표를 맡겼으니 이런 결정을 한 축구협회도 대단했다고 볼 수 있다. 만약 16강에 가지 못했다면 히딩크를 선택했다는 이유로 축구협회도 질타를 받았을 것이다.

히딩크는 감독이 되고 파격적인 모습을 보여줬다. 첫째는 대한민국 선수들은 기술은 괜찮은데 체력이 부족하다는 지적을 했다. 내부에서는 체력과 정신력은 좋지만 외국선수들에 비해 기술이 부족하다고 생각했는데 명장은 전혀 다른 부분을 지적했다. 그리고 이후에 고강도 체력훈련을 시켰다. 여기서 견뎌내는 선수들만 월드컵에 데려갔다. 이 판단이 절묘했던 것이 대한민국은 월드컵 기간 동안 연장전을 2번 치렀다. 16강 이탈리아전, 8강 스페인전에서 연장전을 한 탓에 4강 독일전에서는 정상적인 전력으로 싸울 수 없었지만 체력강화 훈련을 한 덕분에 4강 신화를 쓸 수 있었던 것이다.

또 하나는 선수 간의 포지션 경쟁을 이끌었다. 예전에는 감독이 좋아하는 선수나 인지도가 있는 선수가 선발에 포함되는 경우가 많았다. 하지만 히딩크는 치열한 경쟁을 통해 누가 선발인지 모르도록 선수들을 극한의 경쟁으로 몰았다. 이 과정에서 한 번 눈 밖에 난 김병지 선수는 월드컵에 출전하지 못했고, 이름 없는 신인들이 선발자리를 꿰차는 이변을 낳았다. 그렇게 파란을 일으킨 선수가 박지성이다.

또한 상대팀의 특성에 맞게 포메이션을 짜고 전략을 만들었다. 그리고 그 전략을 가장 잘 수행할 수 있는 선수들을 그 경기에 투입했다. 상대와 가장 잘 싸울 수 있는 포메이션과 전략, 선수를 배치했으니 경기 결과가 좋게 나오는 것은 당연한 일이었다.

예전에 초등학교 야구부를 지도한 적이 있었는데 내가 한 일은 단순했다. 게임훈련을 최소화하고 던지기, 받기, 치기 기본기 훈련에 대부분의 시간을 쏟았다. 선수들은 왜 게임을 하지 않느냐고 불만이 있었지만 기본기가 엉망인데 게임연습을 하는 것은 무의미했다. 그리고 해당 포지션에 가장 수행을 잘할 수 있는 선수를 배치했다. 유격수를 해야 하는 선수가 유격수를 하고, 투수를 해야 하는 선수가 투수를 하면 된다. 그렇게 유니폼도 없이 각자 츄리닝만 입고 방과후 1시간씩 3개월 연습한 학생들은 리틀야구단으로 구성된 상대팀을 격파하고 우승을 차지했다. 기본과 최적화의 중요성을 보여준 사례였다.

가장 적합한 전략을 갖추고 가장 적합한 선수를 배치시키는 것은 기본 중에 기본인데 이를 무시하는 리더들이 많다. 자신이 좀 더 애정이 가는 부하를 보내거나 누가 더 적합한 인물인지를 분석하지 못하는 리더는 좋은 결과를 내기 어렵다. 싫어하는 부하여도 그 임무를 가장 잘 수행할 수 있는 사람이라면 그를 써야 한다.

『삼국지』에서 이런 일을 가장 잘 한 사람이 조조다. 하나씩 문제가 있는 인재들이어도 능력이 있다면 부하로 등용했고 그들의 능력을 최대로 발휘할 수 있는 자리에 배치를 했다. 다른 영웅들은 한 순간의 판단 미스로 역사의 뒤편으로 밀려났지만 조조는 삼국통일 초석을 다졌다. 그 뛰어난 제갈량조차도 한 번의 인재배치 실수로 천하의 판을 뒤집을 수 있는 기회를 놓쳤다.

기업에서 CEO의 역할은 매우 크다. CEO가 해야 할 일은 기업이 나가야 할 방향을 정확히 파악하고 정하는 것이다. 회사가 공격적인 성장을 할 것인지 방어를 할 것인지 전략을 짜야하고 새로운 먹거리를 무엇으로 할 것인지 아니면 기존의 사업만 충실히 할 것인지, 또는 기존의 사업을 매각할 것인지를 잘 결정해야 한다. 여기에 각 사업에 맞는 최적화된 인재를 리더로 앉혀 사업의 성과를 기대만큼 낼 수 있도록 하는 것이 중요하다.

개인적으로 느끼기에 범삼성가가 CEO를 잘 배출하고 잘 길러내는 것 같다. 또한 사업의 방향을 잘 정한다. 제당으로 시작해서 그룹을 키우고 전자에 주력해서 지금의 삼성전자를 만들고 불필요하다고 느껴지는 사업부는 매각을 통해 과감히 정리하고 지금은 시스템반도체와 바이오에 많은 투자를 하고 있다. 기업이 지속적인 성장을 할 수 있도록 잘 변신하고 있다. 그 외에도 호텔신라, 신세계, CJ 모두 시대에 맞게 잘 움직이는 모습을 보여준다. 투자자라면 마음 놓고 투자를 할 수 있을 것 같다는 안정감을 준다.

SK는 시대의 흐름을 참 잘 읽는다는 느낌을 준다. 그리고 바뀌는 시대에 맞는 기업을 기가 막히게 인수한다. SK하이닉스, SK머티리얼즈 인수는 신의 한 수로 평가받는다. 또한 4차산업에 적합한 통신, 반도체, 커머스, 빅데이터, 자율주행 등의 사업체제도 완벽히 구축해 놓았다.

포스코는 그룹의 구조가 서로 시너지를 낼 수 있도록 구성되어 있다. 포스코가 철을 만들고 투자를 통해 해외에서 자원을 확보한다. 포스코케미칼은 2차전지에 들어가는 양극재, 음극재를 생산한다. 포스코강판은 포스코에서 철을 받아 고급제품을 만들고 2차전지 사업에도 참여를 한다. 포스코건설은 주택, 공장을 짓고 포스코에서 철을 받아 쓴다. 포스코건설이 짓는 스마트공장에는 포스코ICT가 시스템을 구축시킨다. 그리고 포스코인터내셔널은 종합상사로서 해외진출, 자원확보를 돕는다. 이렇게 계열사간 시너지를 내주면서 포스코, 포스코케미칼, 포스코강판 주가가 1년 만에 몇 배로 상승했다. 시너지를 받으면서 아직 오르지 않은 계열사는 앞으로 주가가 오를 가능성이 높다.

반면 판단 미스로 그룹을 공중분해 시키거나 위기로 만든 CEO들도 있다. 2007년 경기가 한창 좋을 때 많은 그룹 회장들이 공격적인 성장을 외쳤다. 조선, 엔진, 중공업, 건설, 크루즈선사를 인수하며 단숨에 10대 그룹에 등장한 STX는 2008년 글로벌금융위기가 닥치자 그룹이 해체되었다. 건설과 태양광에 주력한 웅진은 기업의 심장인 코웨이를 잃기도 했다. 면세점, 맥주, 콜라, 상사 등 소비재 중심에서 중공업 중심으로 변신한 두산은 2020년 그룹부도 위기를 맞았다.

이렇게 똑같이 기업인수를 해도 어떤 그룹은 신의 한 수라는 평가를 받고 어떤 그룹은 부도 위기를 맞는다. 그래서 기업을 투자할 때는 그 기업의 CEO부터 조사를 한다. 재무제표만 봐도 CEO가 기업의 성장에 관심이 있는지, 욕심이 많은지, 상속에만 관심이 있는지, 부도덕한 사람인지가 다 드러난다. 그리고 뉴스나 인터뷰 자료를 보면서 어떤 인물이라는 판단을 하고 투자를 결심한다.

지분관계도 잘 보면 좋다. 투자에서 CEO만큼 중요한 것이 지분관계다. 지분 싸움이 붙어서 주가가 말도 안 되게 상승하는 경우도 존재하고, 지분의 문제 때문에 제3자를 끌어들여 기업의 성장을 망치는 경우도 있다.

공기업의 경우는 CEO가 전문경영인이 아닌 낙하산으로 오는 경우도 많다. 기업의 전문가가 아닌 CEO가 지휘권을 잡으면 기업이 잘못될 가능성이 높다. 그래서 공기업 주식은 잘 투자하지 않는 편이다. 실제 기업을 소유한 오너들이 CEO로 있으면 단기적인 안목보다는 긴 안목으로 투자하는 경우가 많다. 개인적으로는 오너가 CEO인 기업 투자를 안정적으로 보는 편이다. 하지만 미국처럼 전문 CEO들이 자리를 잡은 나라들은 시스템이 잘 잡혀 있어 꼭 오너 CEO에 투자할 필요는 없다.

8장

투자는 심리다

낙오

모두가 돈을 잃을 때 편안함을 느끼는 이유

2008년, 2011년, 2015년 증시가 크게 하락해서 대다수의 종목이 하락한 적이 있었다. 하락장에서는 A를 택하든 B를 택하든 누구나 다를 것 없이 돈을 잃는다. 언론에서는 패닉장이라고 떠들었지만 개인 투자자들은 하락 크기에 비해 그렇게 슬퍼하거나 두려워하지 않았다. 직장에 출근해 동료들과 대화해보면 나도 잃었지만 나보다 더 많이 잃은 사람을 보게 되고, 누구는 집을 날렸다는 이야기도 들으면서 대부분이 돈을 잃었다는 것을 깨닫는다. 그리고 왠지 모를 편안함을 느끼기도 한다. 내가 가장 많이 잃은 것이 아니라 나보다 더 많이 잃은 사람이 있다는 것을 알면 상대적인 편안함이 느껴진다. 이것이 본능이다.

반대로 2017~18년에는 부동산이, 2020년에는 주식이 화두였다. 가격이 오르고 주변에 참여자가 늘어나기 시작하면서 돈 벌었다는 이야기가 점점 많이 들려오기 시작했다. 그러면 나는 돈을 잃지 않았는데 오히려 새로운 공포가 다가온다. "나만 돈을 못 버는 것 아닌가?" 하는 생각이 든다. 잃지도 않았는데 공포감이 몰려오는 이유는 상대적 박탈감, 낙오감이 발생하기 때문이다.

무리들과 같이 잃으면 편안함을 느끼고 무리들에서 멀어지면 공포감을 느끼는 이유는 무엇일까? 인간의 본능이라고 본다. 인류가 지구에 나타난 것은 500만 년 전이고 불을 사용한 것은 160만년 전이다. 농사를 짓게 된 신석기 이후의 역사는 고작 1만년밖에 되지 않는다. 즉, 인간은 499만년을 사냥하면서 무리생활을 하고 살았다. 기술이 빠른 속도로 발달했지만 인간의 본능은 아직까지 그 무리생활에 머물 적의 DNA로 살고 있다.

인류는 농사를 짓기 전까지 저축이라는 개념이 없었다. 지속적으로 사냥을 해야 했고 이동생활을 해야 했다. 그러다가 맹수를 만나면 상대적으로 약한 인간은 역으로 사냥을 당했다. 1대1로 호랑이를 만나면 인간이 생존할 확률은 제로다. 반대로 100명의 인간이 사자나 호랑이를 만나면 살아남을 확률은 99%다. 맹수는 도망치는 무리 중 낙오된 한 명에게 집중공격을 가하기 때문이다. 그럼 왜 무리 안에 있을 때 편안함을 느끼고 무리 밖으로 낙오되었을 때 공포감을 느끼는지 이해할 수 있다.

하지만 투자는 이것을 뒤집어야 돈을 벌 수 있다. 최선의 투자는 아무도 사지 않는 주식을 혼자 샀을 때, 그리고 무리들이 내가 산 주식을 따라서 막 사기 시작할 때이다. 대중들이 너도나도 사고나면 끝물이라고 하는 시기가 온다. 그런데 인간의 본능은 끝물에서 오히려 편안함을 느낀다. '모두가 샀으니까 나도 사야겠다. 사서 무리 안에 들어가야겠다'라는 생각을 한다.

2017년 비트코인이 인기를 끌기 시작했다. 이때 많은 사람들이 처음에는 관심을 가지지 않았다. 이후 가격이 오르고 비트코인이라는 이야기가 많이 들리자 사는 사람이 늘어났다. 점점 가격이 오르자 사는 사람은 더 늘어났다. 그렇게 100만원도 안 하던 비트코인은 2,800만원을 호가한다. 그러자 사람들은 곧 1억이 될 거라며 덩달아 사기 시작했다. 비트코인이 무엇인지 모르는 사람들도 오른다고 하니까 다 뛰어 들었다. 그 분위기가 몇 달 가지 못하고 급격하게 꺾였는데 이 때 수많은 사람들이 돈을 잃게 되었다. 그런데 잘 생각해보자. 돈을 잃은 사람이 더 불안해보였을까? 코인 가격이 꼭지를 찍기 전에 사지 못한 사람이 불안해보였을까?

투자자는 본인의 감을 의심해야 한다. 그저 무리의 본능이 시키는 감인지 투자경험과 지식에서 나온 감인지 의심하고 투자해야 한다. 그래서 투자자는 본능을 이겨낼 생각하는 힘이 필요하다. 진짜와 가짜, 실제와 허상을 구분할 수 있어야 한다.

사랑

연인에게 다이아몬드를, 아버님 댁에 보일러를

가장 비싼 보석이 무엇이냐는 질문에 백이면 백 '다이아몬드'라고 답할 것이다. 다이아몬드 반지는 사랑하는 연인에게 프로포즈를 하기 위해 선물하는 대명사가 되었다. 하지만 이 다이아몬드는 금이나 은처럼 투자용으로 구입하는 사람은 없다. 금은 사고 팔 때 부가세와 10% 수준의 손실이 나는 반면 다이아몬드는 되팔면 절반도 건지기가 어렵다. 투자로서는 가치가 없는 상품이다.

다이아몬드를 연인에게 선물하는 풍조는 마케팅의 효과였다. 경제 대공황을 겪고나서 금, 은보다 가격하락이 더 심했던 다이아몬드 가격을 방어하기 위해 만들어 낸 마케팅은 엄청난 인기를 끌었다. '사랑하는 사람에게는 다이아몬드를' '다이아몬드는 영원히'라는 문구는 100년 가까이 전해지고 있다. 그리고 이 문구는 뇌리에 박혀 결혼을 하는 이들의 반지로 쓰이게 되었다. 되팔 일이 없다면 상관없지만 되팔면 반값도 받지 못하는 이 다이아몬드는 어떻게 마케팅 전략이 통한 것일까?

남아공 다이아몬드 광산을 독점한 드 비어스사는 다이아몬드를 판 것이 아니다. 사랑을 팔았기 때문에 성공한 것이다. 세상 대부분의 문제들은 돈으로 해결할 수 있고 많은 것들을 돈으로 가치를 매길 수 있다. 하지만 사랑만큼은 돈으로 가치가 매겨지지 않는다. 사랑하는 사람을 행복하게 해줄 수만 있다면 가격이 비싼 것은 크게 문제가 되지 않는다. 다이아몬드가 천만원이면 나는 그만큼의 사랑을 표현한 것이고 다이아몬드 가격이 1억원이면 또 그만큼의 가격으로 사랑을 표현한 것이다. 즉, 드 비어스사는 마케팅과 유통독점을 통해서 고객이 낼 수 있는 최대의 가격을 조절했다. 그래서 다이아몬드는 사랑의 대명사라는 타이틀을 얻게 된 것이다.

마케팅은 기업의 실적을 크게 좌우할 수 있다. TV나 SNS에서 하는 광고를 보고 이 기업의 실적이 앞으로 좋아질지도 미리 알 수 있다. 광고를 보고 투자를 하면 실적이 좋아지기도 전에 남보다 빨리 투자할 수 있다.

성공률 높은 마케팅은 가족, 사랑 이미지를 강조한 마케팅이다. '아버님 댁에 보일러 하나 놓아 드려야겠어요'라는 광고는 보일러라는 제품을 강조하기보다 가족의 정을 강조했다. '짜라짜라짜~짜~파게티. 일요일은 내가 요리사'라는 광고는 가족이 온종일 함께 있을 수 있는 일요일에 아빠가 자녀들을 위해 해줄 수 있는 요리라는 점을 강조했다. 이런 광고가 먹힌다는 것을 알자 자동차 광고, 가전제품

광고, 가구 광고, 음식광고 등 전 분야에서 가족을 강조한다.

이를 잘 활용한 광고 중 하나는 아이스크림 광고다. 예전에 아버지들은 월급날 치킨을 한 마리 사오는 경우가 많았다. 치킨하면 가족들이 다 모였을 때 먹는 음식으로 기억하고 있다. 이런 기억을 살려서 아버지들을 타깃으로 배스킨라빈스 광고를 만들었고 주로 아빠와 자녀가 나오는 광고를 내보냈다. 전략은 먹혔고 이 덕에 많은 아빠들이 퇴근길에 아이스크림 케이크를 사갔다.

최근에는 거실을 쓰지 않는 경우가 많다. 거실의 TV를 보지 않고 각자 방으로 들어가 유튜브를 보거나 개인적으로 할 일을 하는 문화로 변했다. 그래서 거실도 사라질 것이라는 의견들이 나오고 있다. 하지만 거실은 사라지지 않는다. 거실이 사라진다는 것은 가족 간의 대화를 나눌 공간이 사라진다는 것을 의미하기 때문이다. 심리적인 이유에서 거실이 없는 집은 거부감을 주게 된다.

테라스가 있는 아파트는 인기가 많다. 연인과 경치를 보며 커피를 마실 수 있는 장소를 제공하고 우리 가족들만이 즐기는 공간이 되기 때문이다. 그래서 새로 생기는 아파트에 테라스가 늘어나고 있는 추세다.

탐욕

• •

대항해시대와 튤립버블의 교훈

1630년대는 주식의 시작, 주식회사의 시작, 대항해시대의 시작을 알리는 역사적인 시기다. 유럽의 17세기는 활발하고 시끄러웠다. 동인도회사는 막대한 부를 쌓았고 주식에 투자한 사람은 큰돈을 벌게 되었다. 그런 소문이 돌자 유럽의 돈이 네덜란드 주식시장으로 몰린다. 하지만 주식시장은 그 돈을 감당할 수 없었다. 주식시장의 탄생과 함께 유동성 버블이 시작된 셈이다.

터키에서 들여온 튤립에서 버블이 만들어지게 된다. 모든 튤립이 비쌌던 것이 아니라 특이한 품종의 튤립들에게 등급을 매겼고 가격차가 발생했다. 이 희귀 튤립의 수는 적었고 귀했기 때문에 귀족들의 사치품이 되었고 수요가 몰리게 되었다. 그러면서 가격은 천정부지로 솟았다. 투기수요가 몰려오게 되고 가격이 오르니까 사들이는 현상이 벌어졌다. 튤립은 중요하지 않다, 튤립의 가격이 튤립의 수요를 만들어내는 역전 현상이 벌어진 것이다. 튤립의 가격이 오르니 알뿌

리 가격이 오르고 새로운 시장이 생겼다. 주가가 오르니 주식을 기반으로 한 선물, 옵션, ETN 시장이 열린 것과 같다.

A가 올라 B, C까지 가격이 오르면 유동성은 한계를 만나게 된다. 결국 희귀품종의 튤립 하나가 연봉의 10배 규모 혹은 집 한 채 가격까지 올라가면서 피크를 찍고 이후의 가격은 -97%로 수직하락을 한다. 여기서 돈을 번 사람은 초기에 튤립에 투자해서 비싸게 팔고 나온 사람과 튤립거래를 중개한 사람뿐이었다. 우리가 알고 있는 물리학의 거장 뉴턴도 튤립에서 돈을 잃었다. 많은 사람들이 돈을 잃고 가정이 파산하자 정부에서 거래액의 5~10%를 보상해주면서 사태를 마무리했다.

1999년 닷컴버블이 한창이던 시절 새롬기술은 상장 반 년 만에 129배 상승한다. 당시 코스닥은 상장만 하면 한 달에 10배 이상은 기본으로 오르는 시기였다. 다음도 17배가 올랐고 동특(리드코프)도 93배가 올랐다. 이후 새롬기술은 주식시장에서 사라졌고 동특은 99% 하락했다.

2007년 코스피는 2,000을 돌파했고 직장인 중에 주식을 안 하는 이가 없었다. 거의 모든 종목이 올랐고 몇 배씩 오르는 일이 허다했다. 유상증자가 횡행했다. 2008년 글로벌 금융위기가 닥쳤고 코스피는 하락해 900선을 깼다. 그 이후로 수많은 사람이 파산했고 그들의 가정이 깨졌다.

2017년 초 1,000달러도 하지 않던 비트코인은 1년 뒤 27배가 올랐다. 사람들은 열광했고 돈이 몰렸다. 그리고 얼마 가지 않아 가격은 급락했다. 코인으로 돈을 잃었다는 사람이 어디에나 존재했다.

2020년 3월 코로나 위기가 왔고 경제적 자유를 꿈꾸는 이들, 부자가 될 기회를 놓친 이들은 주식에서 기회를 찾으려고 몰렸다. 바닥경기는 최악이었지만 유동성은 쏟아졌고 코스피는 1,500이 깨진 이후 계속 올라 3,000을 돌파했다. 코스피 뿐만 아니라 전 세계의 주식시장이 최고점을 찍었다.

튤립과 이후의 버블 사례들을 보면 돈이 순간적으로 몰려들고 상승하는 기간은 짧고 상승각도가 급격히 위로 향했다는 것을 알 수 있다. 천천히 오르는 버블은 없다. 급격히 상승했다가 급격하게 식어버린다. 마치 양은냄비에 물을 끓인 것처럼 빠르게 오르고 빠르게 내린다. 개인은 이 속도를 감당할 수 없다. 나는 고점에서 팔겠다고 하지만 가치보다 높게 형성된 가격에서 지금이 고점인지 여기서 더 오르는지는 누구도 알 수가 없다. 그저 운 좋은 사람은 빠져 나올 뿐이고 운이 나쁜 사람은 물려서 큰 손실을 볼 뿐이다. 우리는 이를 투기라고 부른다. 투기에는 스승도 고수도 없다. 버블을 부자가 될 시기라고 착각하는 사람들이 많다. 버블인데도 올라타고 싶어 한다. 이미 정상가격을 돌파한 상태인데 사람들은 실체는 보지 않고 올라가는 숫자만 바라본다.

대항해시대에서는 국가와 동인도회사 그리고 은행들이 많은 돈을 벌었고 소문을 듣고 들어온 개인들은 오히려 많은 돈을 잃었다. 같은 곳에 투자를 했는데 누구는 돈을 벌고 누구는 돈을 잃었다면 산 가격에 문제가 있는 것이다. 다수가 좋게 보지 않아 저평가되어 있을 때혹은 상승의 초입기일 때 사야 나중에 버블이 꺼져도 손해를 보지 않는다. 모두가 환호할 때 들어가면 큰 위험을 지고 들어가는 투자가된다. 카지노에서 고객은 큰돈을 벌 수 있을 것이라 해서 들어왔다가모두 돈을 잃고 떠나지만 수수료를 떼는 카지노는 항상 일정한 확률로 돈을 번다.

판단

인간의 뇌는 투자를 방해한다

인간의 뇌는 뛰어나다. 두뇌를 활용하여 지구를 지배하고 있다. 인간이 동물과 다른 점은 본능, 감정을 넘어서 지능과 이성을 가지고 있다는 것이다. 덕분에 철학과 과학이 빠르게 발전했고 지금의 문명을 이룩했다.

그래서 우리는 이성적인 사람, 지능이 높은 사람을 동경하고 있다. 교수, 의사, 학자들은 주식도 잘 할 것이라는 생각을 가진다. 실제로도 그럴까? 그렇지 않다. 알고 있는 슈퍼개미 중 높은 학력을 가진 분들도 있지만 초등학교도 나오지 않은 사람도 있다. 많이 배우고 합리적인 사고를 가진 것과 주식으로 돈을 버는 것은 다른 일이다. 주식시장이 이성적이지 않은데 이성적인 사고로 돈을 벌 수 있을 거라는 생각 자체가 모순이다.

주가가 오르는 이유는 크게 3가지가 있다. 하나는 실적이다. 매출과 이익이 오르면 주가도 이에 맞게 오른다. 합리적인 사람들은 실적으로 주가를 예측한다. 하지만 실적이 나날이 좋아져도 주가는 계속 떨어지는 주식들도 있다. 대표적으로 금융주들이 몇 년간 그랬다. 매년 적자인 기업이 주가가 계속 상승하는 경우도 있다. 실적이 가장 훌륭한 근거지만 실적만으로는 설명이 안 된다.

둘째는 상황이다. 상황이 바뀌면 주가는 크게 상승한다. 예를 들어 그린뉴딜과 관련된 주식들은 대부분 재무제표가 엉망인 경우가 많다. 하지만 관련주들은 크게 올랐다. 그린뉴딜이라는 큰 호재가 던져졌기 때문에 주가 상승이 기대가 된다고 예상하는 것이다. 미국의 경우에도 만년 적자기업인 US스틸이 2020년 가을 2달만에 2배나 상승했다. 백신이 나올 것이라는 기대감에 제조, 철강업종이 상승했다. 즉, 상황이 변하면 기대감 때문에 주가는 오른다. 상황의 변화는 투자의 변곡점이 되기 때문에 예의주시해야 한다.

셋째는 관심이다. 상황도 실적도 변하지 않았지만 관심이 몰리면 상승한다. 언론에서 언급이 되거나 CEO가 언론플레이를 하면 주가는 오른다. 2015년 식품주가 대부분 몇 배씩 올랐는데 이때 가장 많이 오른 주식은 오뚜기였다. 2012년 대비 12배 넘게 상승했다. 당시 진라면의 상승세가 농심을 이길 것이라는 기대감을 줬다. TV광고와 입소문, 이미지가 좋아서 식품주 하면 사람들이 직관적으로 오뚜기를 떠올렸다. 주가는 대중의 직관과 관심을 그대로 반영한다. 실적은 2배도 안 올랐는데 주가는 12배가 오르는 기적을 보여준다. 실적을 기준으로 주가를 평가하는 이성주의자들은 이 상황을 이해하지 못하거나 인정하지 않는다.

주변에서 주식으로 돈을 크게 번 사람들을 보면 학력과 상관없이 대부분 사업으로 성공을 거둔 사람들이었다. 사업을 하면서 돈에 대한 감각을 지닌 사람들이 주식을 사야할 타이밍을 잘 읽었다.

행동재무학에서는 주식시장에서 벌어지는 일들은 심리로 설명한다. 투자자들은 이성적인 판단을 내렸다고 생각하지만 알고 보면 그 판단이 큰 실수인 경우가 많다.

과도한 확신으로 근거가 약하거나 의미가 없는데도 불구하고 미래를 긍정적으로 판단하는 것이다. 내가 고른 주식은 무조건 오른다고 판단하거나 나는 직접투자를 해서 인덱스펀드보다 더 높은 수익을 거둘 수 있다는 자신감은 어디서 나온 것일까? 실제로 인덱스펀드 수익률보다 더 높은 수익을 거둔 투자자는 많지 않다.

사후확신편향은 실패했던 기억은 지우고 성공한 기억만 남는 현상이다. 내가 예측해서 한 투자는 다 성공을 거뒀고 실패한 것은 운이 나쁘거나 말도 안 되는 일이 벌어져서 그랬을 뿐 나는 꽤 훌륭한 투자자라고 생각하는 것이다. "그것 봐. 내가 사라고 했지"라는 말을 자주 한다면 이를 의심해 봐야 한다.

확증적 편향은 내가 원하는 정보는 받아들이고 원하지 않는 정보는 받아들이지 않는 것이다. 투자한 기업의 호재는 잘 받아들이고 악재는 부정하고 받아들이지 않는다. 그러다가 주가가 하락하면 그럴 리 없다면서 물타기를 한다. 손실이 점점 커질수록 인지부조화가 일어나고 이를 극복하기 위해 더 편향된 모습을 보인다.

돈을 많이 벌 때는 누구나 자만하고 주위에 자랑하고 싶어지는 마음이 들기 마련이다. 하지만 그것만큼 의미 없는 일이 없다. 내가 돈을 많이 벌었다고 자랑한다고 해서 사람들이 진심으로 축하해주지 않는다. 돈 자랑 뒤에 오는 것은 시기, 질투, 부탁이다.

뇌도 이성적이지 않고 시장도 이성적이지 않다. 그렇기 때문에 쉽게 예측을 해서도 안 되고 자신감에 들떠서도 안 된다. 투자 고수들을 보면 심리를 컨트롤하기 위해 부단히 노력한다는 공통점이 있다.

매일 아침 조깅과 신체단련, 수백억이 있음에도 검소한 소비, 화를 내지 않는 인내심, 자신을 냉정하게 보려는 객관성, 그리고 겸손, 기부 등 스스로 마음을 잡기 위해 많은 시간을 쏟고 있다. 이성적이지 않은 시장에서 살아남는 방법들인 것이다.

도박

우리는 도박을 나쁜 것이라고만 생각한다. 카지노, 포커, 화투, 복권 등으로 돈을 잃은 주변의 다수를 봤기 때문에 도박은 금기가 되어 있다.

도박이라는 개념을 재구조화해보자. A라는 것에 재화나 서비스를 지불하고 여기에서 수익이 나면 땄다라고 표현을 하고 수익을 내지 못하면 잃었다라고 말한다. A는 수익이 크게 날지 적게 날지 모르는 불확실성을 가진다. 결과를 알 수 없기에 사람들에게 긴장감과 재미, 쾌감을 준다. 게임의 핵심이 불확실성이고 투자의 핵심도 불확실성이다.

확실하지 않은 것에 돈을 걸면 리스크가 생긴다. 모든 경우가 그렇지는 않지만 리스크가 클수록 수익도 커지는 구조를 가지고 있다. 리스크가 큰 것을 선택을 할 때 우리는 도박을 했다라고 표현한다. 종종 '인생은 도박이다. 결혼은 도박이다'라는 말을 듣게 된다.

도박을 3가지로 분석하면 불확실성, 위험, 수익 이렇게 나뉜다. 게임도 이 3가지 구조를 가지고 있다. 투자도 이 3가지 구조를 가지고 있다. 그럼 이 셋은 어떤 차이를 두고 나뉘는 것일까?

돈이 걸리지 않거나 오락의 요소가 강하면 게임이나 가벼운 내기라고 부른다. 식사를 하고 가위바위보를 해서 커피 사기를 한다면 이를 내기나 게임이라고 부르지 도박이라고 부르지는 않는다. 돈이 걸리게 되면 투자와 도박으로 나뉜다. 그런데 이 둘은 분석하기가 쉽지 않다. 투자를 도박처럼 하는 사람이 있고 도박을 투자처럼 하는 사람이 있다.

도박이라는 관점에서 투자를 보면 좋은 투자가 보이고 나쁜 투자가 보인다. 우리가 무언가를 얻기 위해 도전을 하는 이유는 자원이 정해져 있기 때문이다. 우리는 일을 하고 돈이라는 화폐로 대가를 받는다. 우리가 벌어들인 그 화폐로는 모든 것을 살 수 없다. 고기를 사먹으면 옷을 포기해야 하고, 차를 선택하면 집을 포기해야 한다. 그런 선택을 계속하면서 우리는 살아간다.

'주식을 살 것인가? 부동산을 살 것인가?'는 풀리지 않는 난제다. 앞으로의 결과를 알 수 없기 때문에 어디에 돈을 걸어야 할지를 알 수 없다. 안정적인 배당주를 살 것인지 수익률이 높은 성장주를 살 것인지는 리스크에 차이가 난다. 확률이 높지만 수익이 적은 도박과 확률이 낮지만 수익이 높은 도박과 개념이 똑같다. 자녀의 교육비를 얼마나 투자할 것인가는 또 다른 개념의 도박이다. 투자 대비 수익이 나든 안 나든 부모는 있는 힘껏 투자를 한다. 그리고 그 투자금에 대해 회수할 생각을 하지 않는다. 이는 도박이라기보다는 기부에 가깝다.

돈을 잃는다라고 생각함에도 불구하고 프로 도박사들이 있다. 갬블러들이라고 불리는 이들인데 이들은 전문가들이다. 투자자의 돈을 받고 포커나 카드게임을 해서 돈을 벌어들인다. 그럼 이것을 나쁘게 볼 수 있을까? 이들이 돈을 버는 구조를 보면 투자와 유사하다.

갬블러들은 기본적으로 오픈된 패를 다 외운다. 외우고 생각한다. '지금 나온 패가 어떤 것들이 있으니 다음번에 히트가 뜰 확률은 1/27이다. 그러니까 지금 베팅을 하면 안 된다' 등의 확률을 계산해 베팅을 조절해나간다. 그렇게 해서 확률을 조금이라도 본인에게 유리하게 만들려고 노력을 한다.

전쟁에서 백전백승한 장군들을 보면 이길 수밖에 없는 전략을 짜두고 전쟁을 한다. 내가 가진 병력, 무기, 지형, 기후, 적의 상태를 보면서 우리 군이 질 수 없는 상황에서 전투를 한다. 최대한 확률을 올려놓고 전쟁을 하는 것이다.

투자도 그렇다. 확률을 최대한 나에게 유리하게 만들어야 한다. 이 투자는 돈을 잃을 방법이 거의 없어 보인다 싶은 투자를 해야 한다. 50% 확률 투자를 3번 연속 성공할 확률은 12.5%다. 반대로 말하면 87.5%의 확률로 언젠가는 돈을 잃는다는 말이다. 90%의 승률이어도 돈을 잃을 확률이 적지 않다. 그렇기 때문에 확실한 투자를 더 선호해야 한다.

도박은 오로지 돈을 넣고 돈을 따는 방식이지만 투자는 그렇지 않다. 시간을 넣고 돈을 딸 수고 있고, 노동, 기술을 넣어 돈을 벌 수도 있다. 기업들이 모여 합작회사를 만들 때 A는 돈을 투자하고 B는 기술을 투자하고 C는 인력, 마케팅을 투자한다. 기술과 인력이 있다면 돈을 투자하지 않고도 돈을 벌 수 있다는 뜻이다. A는 망하면 돈을 잃지만 B와 C는 잃는 것이 없다. 그래서 B와 C는 기회를 최대한 많이 잡고 도전하는 것이 유리하다. A는 돈의 한계가 있기 때문에 도전의 횟수가 정해진다.

　돈은 하나의 지불수단이다. 돈이 부족하면 다른 지불수단을 내는 판에 들어가면 된다. 그리고 확률이 높은 판에만 들어가야 한다. 내가 가진 돈과 시간은 유한하지만 좋은 투자 기회는 무한하기 때문에 초조해하지 말고 돈을 가장 유리하게 굴려가야 한다.

성악설

•···•

X이론과 경제학

인간은 선하게 태어났지만 사회에 물들면서 악하게 변한다는 성선설과 인간은 악하게 태어났지만 사회의 교육에 의해 선하게 변한다는 성악설이 있다. 성선설을 믿는 사람이 보는 세상과 성악설을 믿는 사람이 보는 세상은 다를 수밖에 없다. 바라보는 세상이 다르니 철학 자체를 다르게 접근한다. 공자와 맹자는 성선설을 사상적 기반으로 하고 있고 순자는 성악설을 주장했다.

서양에서도 이와 비슷한 X이론과 Y이론이 있다. 미국의 경영학자 맥그리거가 주장한 것으로 X이론은 3가지 특징을 가진다. 첫째, 인간은 선천적으로 일을 싫어한다. 둘째, 목표달성을 위해서 통제, 상벌, 명령이 필요하다. 셋째, 종업원은 자발적으로 책임지기보다 명령받기를 좋아한다.

그리고 X이론을 대신할 Y이론을 제창했다. '일에 몸과 마음을 바치는 것은 인간의 본성이고 인간은 조건에 따라서 스스로 목표를 향해 달려간다. 문제해결능력은 특정인에게만 있는 것이 아니고 기업 내에서 제대로 활용되지 못했을 뿐이다'며 종업원들은 자발적으로 일할 마음을 가지고 능률을 향상시킬 수 있다는 주장이다.

결론이 나지 않는 논쟁이니 한쪽 편을 들 수는 없지만 사업가, 투자자는 성악설과 X이론을 기반으로 경영, 투자하는 경우가 많다. 최근 들어서는 성선설, Y이론의 철학을 많이 도입하고 이런 방법으로 성공한 기업들도 나오고 있지만 아직은 일부다.

지금은 많이 있는 무인 가게들에 CCTV가 없으면 어떤 일이 벌어질까? 과거 제주도에서 유행한 무인카페는 왜 지금은 보이지 않는 것일까? 원산지 표시를 하기 전에도 가게에서는 원산지를 잘 지키고 있었을까? 10년 전까지 유행하던 가짜 휘발유는 왜 더는 보이지 않을까?

장사꾼의 양심에 맡겼던 많은 것들이 시간이 지날수록 법의 규제로 바뀌고 있다. 신뢰가 깨졌던 것들이 규제가 생기면서 다시 신뢰를 회복하고 있다. 이런 일이 이슈가 되고 규제가 생기는 일이 반복되면서 표준화, 규격화된 대기업들의 신뢰도가 증가하고 있다. 어디를 가도 그 브랜드의 제품은 동일한 맛과 품질을 유지한다는 믿음과 신뢰가 프랜차이즈를 급격하게 성장시키는 계기가 되었다.

전통시장을 취재하면서 느낀 점은 전통시장이 재도약하려면 고객들에게 가격과 품질에 신뢰를 줘야 한다는 것이었다. 가격이 쓰여 있지 않고 손님에 따라 양이 달라진다. 그리고 원산지, 품질에 대한 정보를 고객이 잘 믿지 않는다. 반면 대형마트, 온라인 쇼핑은 전국 어디서나 똑같은 가격, 품질을 가지고 있다는 점이다. 원산지나 품질에 문제가 생길 경우 엄청난 이미지 타격을 입기 때문에 철저히 관리한다. 최근은 상품마다 리뷰가 달리기 때문에 좋은지 나쁜지에 대한 정보를 바로 알 수 있다.

결국 거래는 X이론, 성악설로 가고 있다. 손님과 상인 사이의 정에 의한 신뢰는 점점 사라지고 법과 기술의 발전이 그 자리를 대체하고 있다. 그것을 나쁘다고만 할 수는 없다. 경영자는 고객들의 신뢰를 얻기 위해 더 노력을 하게 되고 고객은 이런 기업의 매출을 올려준다. 투자자는 이런 기업을 찾아내서 동업을 해야 한다. 그러면 시장평균보다 더 높은 수익을 얻을 수 있다.

투자자 입장에서 규제의 발전은 호재다. 그 많던 분식회계가 많이 사라졌다. 예전에는 재무제표를 신뢰할 수 없어 직접 기업탐방을 통해 눈치를 살펴야 했다. 이 과정에서 많은 시간과 노력이 허비된다. 하지만 국제회계기준으로 변경하고 규제가 강화되면서 집에서 재무제표만 보고 투자하는 시대가 왔다.

미국의 경우 더 강한 법으로 통제하고 있기 때문에 재무제표와 사업보고서를 보고 투자하는 일이 가능하다. 그리고 공매도 세력들이 문제가 있는 기업들을 보고서로 배포하고 있으므로 투자자는 민간에게서도 보호를 받고 있다. 루이싱커피, 니콜라 사건 모두 공매도 세력들이 파헤치지 않았으면 더 큰 피해자를 만들 뻔했다.

신흥국들은 아직 재무제표를 온전히 믿기가 어렵다. 기업탐방도 쉽지 않다. 그래서 완벽하지 않은 상태로 투자를 해야 하니 큰 금액을 투자하기가 부담스러워진다. 지금도 분식회계를 한 회사의 주가가 급락했거나 상장폐지 당했다는 뉴스를 종종 보게 된다. 신흥국은 그래서 철저하게 분산투자를 해야 한다.

나 또한 투자에서만큼은 X이론 관점이다. 인간은 본능적으로 게으르다. 거꾸로 보면 이로 인해서 기술과 문명이 발전했다. 좀 더 편하고 싶고 움직이지 않고 싶어 하기 때문에 에스컬레이터, 엘리베이터가 대중화되고 수많은 발명품이 나오게 된다. 이 과정에서 사람들의 취향에 맞는 기술이 나오고 이 기술에 투자하면 돈이 된다.

코로나로 인해 출퇴근이 줄고 재택근무 비중이 늘었다. 그래서 화상회의가 등장하게 되었고 편리함을 안겨주었다. 이전에는 2시간 회의를 위해서 3~4시간을 이동하는 시간과 비용이 들었지만 이제는 내가 있는 곳에서 2시간만 회의를 하면 되고 추가적인 비용이 들지 않는다. 불편함에서 편리함으로 한 번 이동하고 나면 다시 이전으로 돌아갈 수 없다. 그럼 화상회의 시스템을 파는 기업은 연간 이용료를 받기 때문에 지속적인 성장이 가능하다. 오피스 시장도 변화의 바람이 불 것이다. 기업들은 주52시간제 확대와 재택근무 증가로 사무실 크기를 줄이려고 한다. 이를 통해 임대료가 절감되는 효과를 누릴 수 있다. 그럼 서울의 부동산 시장은 대형 오피스 위주인 건물보다 교통이 좋고 중소형 오피스 쪽으로 건물 수요가 늘어날 가능성이 높다.

아웃트로:
삶 자체가 인문학이고 투자다

'인문학이 무엇일까'라는 물음을 스스로에게 던져본다. 우리가 마시는 와인에도 인문학이 담겨 있고, 코르크 하나에도 인문학이 담겨 있다. 치즈도 수많은 종류가 있고 먹는 치즈마다 하나의 이야기와 깨달음이 담겨 있다. 나의 인문학 여행은 이렇듯 자유롭게 시작됐다.

인문학은 이야기가 중요한 것이 아니다. 대상을 보고 생각할 수 있는 힘이 중요하다. 나무에서 떨어진 사과를 보고 만유인력의 법칙을 생각하는 사람이 있고, 그대로 한 입 베어 먹는 사람이 있고, 베어 먹은 모양을 로고로 쓰는 사람이 있으며, 지구가 멸망할 때까지 사과나무를 심는 사람도 있다. 소재는 같아도 생각하는 것에 따라 다른 결과를 가져온다. 그래서 인문학은 답이 없고 주제가 없다. 생각을 하는 힘이 가장 중요하다는 말로 결론이 맺어진다.

더구나 투자자라면 인문학을 배우려 따로 시간을 내거나 공부를 한다고 특정한 목표가 달성될 수 없다. 인문학은 삶 자체이기 때문에 내가 아침부터 밤까지 하는 모든 것을 다르게 보는 연습을 해보는 것이 인문학의 시작이다. '왜 모두가 출근길에 지하철역으로 향할까?'

로 시작해서 '도로가 안 막히는 밤에 배송을 하는 것이 더 수월하지 않을까?'로 마무리할 수 있다면 투자자는 주변의 것을 인문학적 사고로, 투자의 아이디어로 만들 수 있다.

생각하는 힘은 아이디어를 제공해줌과 동시에 두려움을 이기고 탐욕을 절제하는 힘이 된다. 감정을 다스리는 일은 깨달음과 믿음에서 온다. 알지 못하고 믿지 못하면 두려움을 이겨낼 수 없다. 두려울 때 싸게 사서 모두가 탐욕을 부릴 때 비싸게 팔고 나와야 돈을 번다는 단순한 지식은, 대중과 다른 생각을 할 수 있을 때에야 보인다.

이 책을 쓰기까지 많은 시간이 걸렸다. 여행에서 답을 찾기 위해 여권에 수많은 도장을 찍었고, 음식에서 답을 찾기 위해 많은 식당을 돌아다녔다. 주식을 하다말고 역사에 빠져 몇 달을 역사책만 보기도 하고, 셰어하우스를 운영하면서 건축에 관심을 가졌다.

많은 경험이 서로 얽히면서 그들에게서 공통점을 보았고, 그것은 또한 투자의 세계에서도 유용한 것임을 깨달았다. 이 지식을 나누려는 이유는 잘못된 투자로 돈을 잃을 뻔한 누군가가 돈을 잃지 않고 부자가 되는 새로운 기회가 되지 않을까 하는 기대감에서였다. 인문학적 깨달음은 그 자체만으로도 지적 즐거움을 줄 수 있지만 이를 활용하면 더 큰 즐거움이 된다는 것을 여러분들과 나누고 싶었다. 부디 이 책이 그렇게 읽히기를 바란다.

주식의 심리 돈이 되는 인문학

펴낸날	초 판 1쇄 2021년 6월 11일
	초 판 3쇄 2021년 7월 30일

지은이	전인구
펴낸이	심만수
펴낸곳	(주)살림출판사
출판등록	1989년 11월 1일 제9-210호

주소	경기도 파주시 광인사길 30
전화	031-955-1350　　팩스　031-624-1356
홈페이지	http://www.sallimbooks.com
이메일	book@sallimbooks.com

ISBN	978-89-522-4301-0　03320

※ 값은 뒤표지에 있습니다.
※ 잘못 만들어진 책은 구입하신 서점에서 바꾸어 드립니다.

책임편집·교정교열　김다니엘